JN113189

河野俊寛＋平林ルミ 著

読み書き障害
（ディスレクシア）
のある人への
サポート入門

読書工房

はじめに

　本書は、旧著『読み書き障害のある子どもへのサポートQ&A』に新たな内容を追加・修正し、題名も改めたものです。旧著は2012年に出版されました。旧著の出版から10年が経過し、読み書き障害に関連してさまざまな変化がありました。障害者差別解消法の施行と改正、学校の授業や入試での読み書き障害のある子どもへの合理的配慮の提供、既存の読み書き検査の改訂や新たな検査の発売、読み書き障害に関する書籍の数多くの出版などです。

　しかし一番大きな変化は、タブレットPCやスマートフォンなどのICTを活用した支援ではないでしょうか。旧著を出版した頃は、ICTを活用した読み書き支援はまだまだ多くの人に知られておらず、旧著がICTによる支援に関して情報提供をしている数少ない書籍の1つでした。また、障害者差別解消法の施行によって、合理的配慮という考え方が広まるにつれて、合理的配慮の1つとしてICTを活用することが多くの人に知られるようになってきました。

　2019年12月には、文部科学省からGIGAスクール構想が打ち出され、1人1台のICT端末が提供されるようになりました。「GIGAスクール構想の実現へ」というリーフレットには、「特別な支援を必要とする子供を含め、多様な子供たちを誰一人取り残す

ことなく、公正に個別最適化され、資質・能力が一層確実に育成できる教育ICT環境を実現する」とあります。読み書き障害のある子どもたちにとって、ICTによる支援が特別なものでなくなる未来が見えてきました。

　そこで、本書を執筆するにあたっては、ICT関連情報の更新に力点を置きました。しかし、それだけではなく、読み書き障害に関連する情報をできる限り新しいものにすることを心がけました。また、共同研究者であり共同臨床家である平林ルミ氏による、１人１台となったICT端末を読み書きが苦手な子どもの学びのツールにするための説明を、１つの章として加えることができました。

　本書の目標は旧著と同様に、「読み書きに困難のある子どもたちに、直接的あるいは間接的に関わることがあると思われる、通常学級、通級指導教室、特別支援学校の先生、保護者、特別支援教育関係者及び図書館関係者のみなさんを対象に、読み書き障害について、その状態、原因、評価方法、そして支援方法について解説」することです。自分が気になるところ、一番知りたいところから目を通してください。それが、この本を手に取られたみなさんの目の前にいる子どもたちへの支援となるはずです。

2022年6月　河野俊寛

もくじ

059 CHAPTER **2**
読み書き障害の検査・評価

* p013, 044, 089, 090, 092, 093 引用文

『わがままな大男』原作：オスカー・ワイルド　翻訳：結城浩　©2000 Hiroshi Yuki

CHAPTER **0**

河野先生と考える
読み書き障害を理解
するためのはじめの一歩

河野先生

この章では、読み書き障害について知っておいて
ほしいことを簡単にまとめてみました。

　まずは、保護者の方や学校の先生からよく聞く声
を、以下にあげてみます。

なぜだか、うちの子、音読の宿題をいやがるんです。
音読すると、とばして読んだり、勝手に文章を変えて
読むことが、しょっちゅう、あります。
ひらがなは、左右逆向きによく書いているし……

小学校1年生の
男の子のお母さん

中学校の
英語の教師

Yさん、国語の成績は中くらいなのですが、英語はアル
ファベットがきちんと書けなくて左右逆に書き間違え
ることが多いです。英文の綴りを読むのも苦手みたい
です。ヒアリングは得意なんですけど……

Kくんに音読をあてると、文節の途中で意味とまったく
関係ないところで区切って読んでしまうことが多いん
です。漢字学習ではとても苦労しているみたいで、作
文はひらがなばかりの文章で書いてます。

小学校3年生の
学級担任

▶ 読み書き障害のさまざまな具体的な状態については、030〜031ページを参照。

今まで、こういう子どもたちは、「勉強ができない子」「宿題をきちんとやってこない子」「努力が足りない子」などと受け取られていました。

でも最近は研究が進んで、「読むこと」「書くこと」に関する機能に何らかの障害がある人がいることがわかってきました。

読み書き障害、ディスレクシアなどといいます。

読み書き障害というのは、まったく文字が書けない、読めないってことですか?

読み書き障害は、まったく文字が読めないとか、まったく文字が書けないということではありません。正確にすらすらと読んだり書いたりできない状態をいいます。

例えば、わたしたちが自分の苦手な外国語を使って日常生活をおくるとしましょう。会話はなんとかできるのだけれど、外国語で書かれた新聞などをすらすら読めなかったり、外国語で文章を書いて学校や会社に提出しなければならなくて苦労するような感じだと思ってください。

また、読み書き障害の場合は、一生懸命努力して少し上達できたとしても、「困難さ」は残るということを理解してほしいと思います。

▶ 読み書き障害についての解説は、016〜054ページを参照。

読み書きは、自然にできるように
なるものなんじゃないんですか？

　人間の脳には、もともと文字を認識するための
領域はありません（032ページを参照）。

　図形や音を処理する領域を組み合わせて使っ
て、文字の読み書きをしているんです。

脳が文字をとらえるときの３要素

こういう
形だ。

❶かたちを見てわかる
（図形認知・視覚認知）

さっき見たのは
この形だ。

❷目で見たものを
　覚えておく（視覚記憶）

たいこ→た／い／こ
逆さから読むと
→こ／い／た

❸ことばを音の小さな単位に分
　解したりして、ことばと音の
　関係がわかる（音韻意識）

読み書き障害の場合は……

視力は正常なのに、例えば、こういう
ふうに脳が認識するため、読めない。

漢字の形が覚えられない
ため書くことが難しい。

しぜん

音と漢字が結びつかないために、書くことが難しい。

　読み書き障害のある子ども本人が、音の聞き取り、目での理解、記憶など、どういった原因でうまく読めないのか書けないのかを把握したうえで、具体的な支援につなげていくことが大切です。

▶ 読み書きのメカニズム、読むときの目の動きについては038〜044ページを参照。

障害があっても、読み書きの力をつけさせたいのですが、どうすればいいですか？

　読み書きには、「低次の読み書き」と「高次の読み書き」があります。

低次の読み 文字を音に変換する	高次の読み 文字列（文章）を見て、 その内容を理解する
低次の書き 音を文字に変換する	高次の書き 頭の中の考えを、 文字列（文章）にして人に伝える

　大切にしたいのは、「高次の読み書き」です。

　本当の意味での学習は、情報を理解し、自分の意見や考えなどを頭の中で整理して、相手にわかりやすく伝える作業です。そのための技術が「読み書き」です。

▶ 低次の読み、高次の読みについては、038ページを参照。

　本書では、この点を大切にしたサポートのしかたや、機器・アプリなどの使い方を紹介します。

　さぁ、具体的に見ていきましょう！

CHAPTER **1**

読み書き障害に関する
基礎知識

読み書き障害と知的障害は違う

　知的障害がある場合も、文字の読み書きが困難になることが見られますが、読み書き障害は知的障害とは違います。

　知的障害というのは、記憶、推理、判断など知的機能の発達に大幅な遅れがあり（知能検査で求められる知能指数が69以下）、社会生活などへの適応が難しい状態をいいます。

　一方、読み書き障害は、知的機能の発達には遅れがなく（知能検査で求められる知能指数が70以上）、また、視力・聴力、育った環境、受けた教育、いずれにも問題が見られないのに、文字の読み書きに困難があるという障害です。

　読み書き障害では、文字がまったく読めなかったり書けなかったりということはありません。文字の読み書きが正確にすらすらとできないという状態です。

　知的障害による読み書き困難の場合は、知的な機能がどの程度遅れているかによって、その状態は大きく異なります。文字の読み書きがまったくできない状態から、読み書き障害と同様の、正確にすらすらと読み書きできないという状態までさまざまです。

　また、知的障害では、口頭での（口で話す）言葉のやり取りにも困難が見受けられることがよくあります。

　それに対して読み書き障害では、文字を使わないで、口頭で言葉だけでのやり取りをすると、困難が認められないことのほうが一般的です。

書くことだけに困難がある場合も

　読むことに困難はないけれども、書くことだけに困難を示す人はいます。

　その逆の、書くことには困難がないけれども、読むことだけが困難という事例についてですが、成人の後天的な脳疾患障害には、読めないけれども書くことには問題がない症状（純粋失読）があります。しかし、子どもの読み書き障害では、「読むことに困難があって書くことに困難はない」という事例の報告は、世界的にありません。

　ディスレクシア（dyslexia）という英語は、厳密に訳すと「読み障害」となります。しかし、読みに困難がある場合は書字にも困難があることが通常なので、ディスレクシアに対して「読み書き障害」という訳語を使用する場合が多くなっています。

　読みと書きの両方に困難がある場合でも、読みと書きの両方の困難の程度が重い人もいれば、「読みの困難の程度は軽く、書くほうが難しい」という人、あるいは逆に、「読みの困難の程度がとても重くて、書くことの困難の程度は軽い」という人など、読み・書きのどちらかの困難の程度が軽い人もいます。

　このように読み書き障害のある人の状態は、一人ひとり大きく異なっています。

漢字の読み書きだけに困難がある場合も

　読み書き困難の程度が軽い場合、ひらがなの読み書きに困難はないけれども、漢字だけに困難が出現することは珍しくありません。

　ひらがなの、／あ／という音は、「あ」という文字以外には対応しません。助詞の「へ」「を」「は」という例外はありますが、ひらがなにおいては、１つの音が１つの文字に対応していることが、ひらがなで読み書き困難が現れにくい理由になります。

　しかし、漢字は、音読みと訓読みがあり、さらにそれらも複数あるというように、音と文字の一致しない文字です。そのため、漢字に読み書き困難が出現しやすいのです。この点については、055ページの「Column ① なぜ日本語の漢字には複数の読み方があるのでしょうか？」を参照してください。

　また、漢字の読み書きには、図形認知や視覚記憶の力も関係すると考えられています。そのため、目で見て図形の形をとらえる＝視覚認知の問題がある場合も、漢字の読み書きに困難が出現する可能性が高くなります。

　ほかにも、音韻意識（ことばを音韻や音節などの音の小さな単位に分解したりして、ことばと音の関係がわかり、意識的に操作すること）の問題と、視覚認知の問題の両方に原因があることが、漢字の読み書きの困難さを出現しやすくしているともいわれています。

　しかし、まだまだわかっていないことがたくさんあります。

　カタカナについては、ひらがなと同様に、1つの音が1つの文字に対応しているのですが、読み書き障害のある子どもの場合、カタカナの習得に困難が出る子どもがいます。原因については、明らかではありません。カタカナの学習時間の短さ、使用頻度の少なさ、カタカナ文字の視覚的な単純さなどが、習得を困難にしている原因ではないかという仮説はあります。

　なお、宇野彰、タエコ　N. ワイデル、春原則子らの研究発表(2009) によると、小学生での日本語の読み書き困難の出現率は、ひらがなの読み0.2%・書き1.6%、カタカナの読み1.4%・書き3.8%、漢字の読み6.9%・書き6.0%となっています。

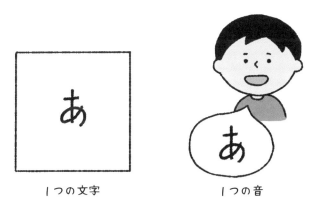

| つの文字　　　　　　| つの音

中学校で英語に困るケースもある

　読み書きに困難があっても、その程度が軽い場合は、ひらが
な・カタカナの習得には困難が出ず、小学校のときには漢字の成
績が悪い程度で、なんとか過ごすことができるケースもありま
す。しかしその後、中学校に進学して、英語につまずく事例はか
なり多くあります。

　2020年までの小学校学習指導要領での小学校の英語活動は、
興味・関心や意欲の育成が目的とされ、会話などのコミュニケー
ション中心で展開されたので、読み書き障害があっても、特別な
支障が出ないことが多く、中学校から、文字（アルファベット）を
使って学習するようになるので、英語の読み書きに困難が出てく
ることになるという状況でした。

　ただし、2020年度から本格実施になった小学校学習指導要領
では、小学校5年生から英語が教科化されて「読む」「書く」の
学習が入ってきたので、小学校5年生から英語学習に困難を示す
事例が出てくる可能性があります。

　タエコ　N. ワイデルとブライアン・バターワース（1999）
は、言語によって読み書きに困難の現れる割合が違うことを、言
語の「粒子性」と「透明性」という概念を使って説明しています。

　「粒子性」というのは、1文字に対応する音の単位の大きさで
す。また、「透明性」というのは、文字と音との1対1の対応関
係です。

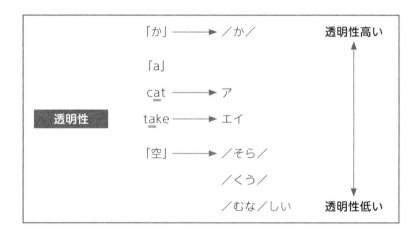

　この概念によると、英語は、1文字が表す音の単位（音素）は小さいので粒子性が細かく、発音と文字との対応関係に不規則が多いので透明性が低いといえます。

　日本語のひらがなは、アルファベットに比較すると、1文字が表す音の単位（音節）は大きいので粒子性が粗く、音と文字の対

応に不規則が少ないので透明性が高いです。それに対して、漢字
は、粒子性はひらがなよりも粗く（1文字で1単語を構成し、複数の音
節の場合が多い）、1つの漢字が複数の読みを持っているので、透明
性が低いといえます。

いろんな
読みが
あるよね。

音 → おと
　 → おん
　 → ね

たとえば、このときは…

どんどんという 音（おと） がする

じゃあ、このときは…

だいすきな 音楽（おんがく）

それなら、このときは…

すてきな 音色（ねいろ）

場合によって
読みが変わるから
むずかしい…

　この概念を使うと、言語の粒子性が細かく、透明性が低い言語に読み書き困難が出やすいことが説明できます。実際、読み書き困難の出現率を調べた研究成果を当てはめると、粒子性は細かいけれども透明性の高いドイツ語で約５％、イタリア語で約１％と少ないのに対して、粒子性が細かく透明性が粗い英語は約10％と、読み書き障害の人が多くいます。

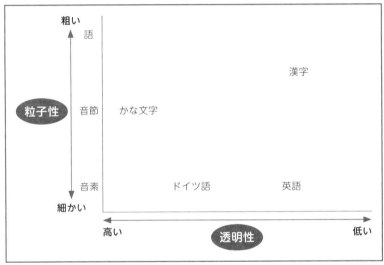

参照『LD（学習障害）とディスレクシア（読み書き障害）』
上野一彦　講談社＋α新書　2006年　57ページ

　日本語で読み書き困難が出なくても英語で出てくるということは、言語の特性でもあるといえます。

　英語学習の支援に関しては、第３章　読み書き障害へのサポート方法の「英語学習を支援する方法」（127ページ参照）で説明します。

限局性学習障害とは

「限局性学習障害」と「学習障害」は、同じです。

アメリカ精神医学会の「精神障害の診断・統計マニュアル第5版」(DSM-5) から、「学習障害」が「限局性学習障害／限局性学習症」という名称に変わりました。「限局性」(specific) というのは、認められる困難は学習全般ではなく、読み書き・算数に限られているという意味です。

しかし、日本の発達障害者支援法においては「学習障害」という言葉のままです。医学的には「限局性学習障害／限局性学習症」が使われ、一般的には「学習障害」が使われることが多いようです。

なお、DSM-5から発達障害の名称は、以下のようになりました。

＊アスペルガー症候群、広汎性発達障害、高機能自閉症などの名称は、自閉症スペクトラム障害／自閉スペクトラム症 (ASD) という名称にまとめられました。

＊注意欠陥多動性障害は、注意欠如・多動性障害／注意欠如・多動症(AD/HD) という名称にまとめられました。

＊学習障害は、限局性学習障害／限局性学習症(SLD) になっています。

読み書き障害の定義について

　読み書き障害は、限局性学習障害の中の「読む」「書く」という特定の能力の障害です。現在、読み書き障害が、限局性学習障害の約8割を占める中核障害と考えられています。

　限局性学習障害には、2つのおもな定義があります。文部科学省が出している定義と、アメリカ精神医学会が出している定義です。

❶文部科学省の定義

　「学習障害とは、基本的には全般的な知的発達に遅れはないが、聞く、話す、読む、書く、計算する又は推論する能力のうち特定のものの習得と使用に著しい困難を示す様々な状態を指すものである。学習障害は、その原因として、中枢神経系に何らかの機能障害があると推定されるが、視覚障害、聴覚障害、知的障害、情緒障害などの障害や、環境的な要因が直接の原因となるものではない。」というものです。

　つまり、「聞く」「話す」「読む」「書く」「計算する」「推論する」という6領域のどこかの学習に著しい困難がある状態と定義しています。診断基準は、上記の6領域のいずれかの学力が、小学校3年生までは1学年以上の遅れ、小学校4年生以上は2学年の遅れという基準が示されています。

　なお、「勉強ができない」イコール「学習障害」ではありません。学習障害があると、結果として勉強に遅れが生じることはありますが、勉強ができない状態を学習障害というわけではありません。

❷ アメリカ精神医学会の 「精神疾患の分類と診断の手引き第5版(DSM-5)」の定義

　DSM-5では、「読む」「書く」「算数」の困難を、それぞれ「読字の障害」「書字表出の障害」「算数の障害」と名づけています。文部科学省の定義に入っている「話す」と「聞く」は、コミュニケーション障害として「言語障害」という別の障害に分類されています。

　以下の4つの診断基準を満たしている場合に、「読字の障害」「書字表出の障害」「算数の障害」と診断することになっています。

　4つの診断基準は、

A　①文字を読む、②読んだ意味の理解、③綴り字、④文章記述、⑤数概念や計算、⑥数学的推論の中の1つ以上に困難が生じていて、6ヶ月以上持続している

B　実年齢よりも学業的技能が顕著に低く、学業または職業遂行能力、または日常生活活動に意味のある障害を引き起こしていて、個別施行の標準化された到達尺度および総合的な臨床評価で確認されている。17歳以上の人においては、確認された学習困難の経歴が標準化された評価の代わりになる

C　学習困難は学齢期に始まるが、その人の学業的技能を超える要求があるまで明らかにならないことがある

D　知的障害、視覚障害、聴覚障害、精神障害、心理社会的逆境、不適切な教育では説明できない

　文部科学省とアメリカ精神医学会の定義以外では、国際ディスレクシア協会（IDA）の読み書き障害の定義があります。

　その定義は、「ディスレクシアは、神経生物学的原因に起因する特異的学習障害である。その特徴は、正確にそして流暢<ruby>流暢<rt>りゅうちょう</rt></ruby>に単語を認識することに困難があること、綴りや文字記号の音声化がうまくできないことがあげられる。こうした困難さは、言語の音韻的要素の障害から生じることが典型的である。読み書き障害は、他の認知能力からは予測できず、教室の授業で効果を上げることは難しい。結果的に、読解に問題が生じたり読む機会が少なくなり、語彙の発達や知識を増やしていくことを妨げる」というものです。この定義では、単語認識の正確さと流暢さの問題であるとしています。

　しかし、このIDAの定義に使われている単語レベルでは問題はないけれど、文章レベルになると読み書きの困難が出てくる人がいたり、文章はすらすらと読めるけれども理解に困難がある特異的理解困難という障害がある人がいたり、自閉症スペクトラム障害（ASD）や注意欠如・多動性障害（AD/HD）といった発達障害のある人で読み書き困難が合併している人がいたりと、読み書きに困難があるという状態だけをみると、ディスレクシアという定義だけでは対応しきれない現実があることには注意しておく必要があります。

　定義を厳密にすることは、研究を進めるうえでは必要なことですが、目の前にいる読み書きに困難を抱えている子どもへの支援を考える場合は、幅広い概念でとらえ、支援するほうが有効といえるでしょう。

読み書き障害のある子どもの数

　日本では、かつて牧田清志（1966）が、「日本の読み困難児は0.98％」と英語で報告したこともあって、漢字という意味を持った文字と、１文字が１音節とほぼ規則的に対応しているひらがなとカタカナを使うという日本語の特性によって、読みが困難な子どもはほとんどいないとされていました。

　ところが、文部科学省が2002年に実施した調査によって、学習面に困難を示す小中学生の割合が4.5％、その中でも「読む」と「書く」に著しい困難を示す割合が2.5％と発表されてからは、読み書きに困難を示す子どもたちが一定数存在することが一般にも知られるようになってきました。

　2.5％という数字から、実数も推定できます。2020年の日本全国の小学生の人数は約630万人です。この小学生の人数に2.5％をかけると、約15万8千人という実数が出ます。つまり、全国の小学生で、読むまたは書くことにかなりの困難がある児童は約15万8千人いる可能性があるということになります。

　2020年の全国の中学生は約320万人ですから、読むまたは書くことに非常に困難がある中学生は約８万人となります。小学生の約15万8千人と中学生の約８万人をたすと、義務教育段階で、約23万8千人の読み書きに苦労している児童生徒がいることになります。

　では、高校ではどうかということになると、データがありません。高校での発達障害がある生徒の推定数は約２％とされていま

す（平成21年特別支援教育の推進に関する調査研究協力者会議高等学校ワーキング・グループ報告）。発達障害とは、自閉症スペクトラム障害、注意欠如・多動性障害、そして限局性学習障害ですので、この２％の中に限局性学習障害がどのくらいいるのかはわかりません。

　大学生については、日本学生支援機構の調査結果があります。「令和２年度（2020年度）大学、短期大学及び高等専門学校における障害のある学生の修学支援に関する実態調査結果報告書」によれば、調査を行った1,173校・3,228,488人の学生の中で、診断書のある限局性学習障害学生数は222人となっています（全障害学生数35,341人に対する割合は約0.6％、全学生数に対する割合は約0.007％）。

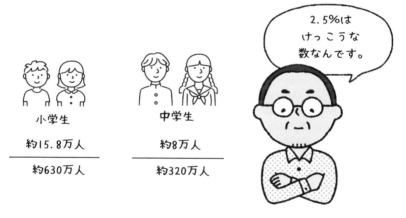

小学生
約15.8万人
―――――――
約630万人

中学生
約8万人
―――――――
約320万人

2.5%は
けっこうな
数なんです。

成長段階ごとの読み書き障害の状態

　読み書き障害は、文字の読み書きが正確にすらすらとできない状態です。しかし、その状態は、発達段階で異なっていますし、個々の子どもによっても違っています。以下に示す状態は、どの子どもにも必ず見られる状態というわけではないことに注意してください。

年長児

・文字学習に関心を示さない
・読み聞かせは好きだけれど、絵本を自分から読もうとしない
・しりとり遊びができない

小学校1年生・2年生

・1文字1文字読む(逐語読み)
・文末を適当に自分で変えて読む(勝手読み)
・とばし読みがある
・似た文字を間違う(「ぬ」と「め」、「わ」と「ね」)
・鏡文字を書く(「の」→「Ɵ」、「か」→「ⅆ」)
・カタカナが覚えられない
・音読の宿題をいやがる
・漢字の宿題をいやがる

小学校3年生以降

・単語や文節の途中で区切って読んでしまう

・黙読が難しい

・特殊音節（「ちゅ」「しょう」「がっ」など）が正確に書けない

・音が同じ助詞を間違う（「へ」と「え」、「は」と「わ」、「を」と「お」）

・濁点や半濁点が抜ける

・句読点がない文になる

・ひらがなばかりの文を書く

・漢字の読み書きがほとんどできない

中学校以降

・英語の習得が難しい（リスニングはできることがある）

・試験で点数がとれず学習意欲がもてない

「話したり聞いたりできること」と 「読んだり書いたりできること」

　言葉を話したり聞いて理解したりすることは、知的機能・視覚・聴覚などに障害がなく、育った環境などにも問題がない場合には、学習しなくても、乳幼児期にまわりで使われている言語（母語）で自然にできるようになります。

　しかし、文字の読み書きは、学習しないとできるようにはなりません。このように、言語（母語）の獲得と文字の読み書きの獲得には、「学習する必要があるかないか」という大きな違いがあります。

　大脳には、言葉を話したり聞いて理解したりする専門領域（ウェルニッケ野とブローカ野）がありますが、文字を読むための専用領域はありません。文字を読むためには、視覚野や、視覚と聴覚と体性感覚という３つの情報を統合する領域（39野と40野）や、言語野を総動員しなければいけないのです。文字の読み書きは、人類誕生時には必要とされてこなかった能力ですから、個人差があってもおかしくないわけです。

　読み書きに困難がある場合は、文字の読み書きのための通常の回路とは異なる回路を開発し使っているという研究は、たくさんあります。

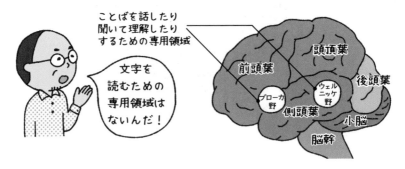

ことばを話したり
聞いて理解したり
するための専用領域

文字を
読むための
専用領域は
ないんだ！

頭頂葉

前頭葉

後頭葉

ブローカ野

ウェルニッケ野

側頭葉

小脳

脳幹

読み書き障害は治るのか

　大幅な読み書きの困難がある場合（流暢さ・正確さが、平均値よりも1.5標準偏差以上離れている場合）は、成長しても大なり小なりその困難は残ります。

　正確さと流暢さの問題のうち、正確さの問題は、読み書きの学習によってある程度改善しますが、流暢さの問題は、大人になっても残ります。

　事例として、読み書き障害のある27歳の成人男性を紹介します。

　書く速度と読む速度を調べました。彼が文章課題をそのまま書き写す速度（書字速度）は、小学校3年生と同じレベルでした。また、文章を読む速度（読み速度）も、小学校3年生と同じぐらいでした。書いた文字はきれいで間違いはありません。読んだ内容も理解できています。しかし、どちらも時間がかかっています。

　また、検査で文章課題を書き写す時間は3分間という短い時間で、読んだ文章も200字程度の短い文章だったにもかかわらず、文字の読み書きにたくさんのエネルギーを使うため、検査終了後には疲れ果てていました。実際、彼は仕事をしていますが、仕事中に書類の読み書きに疲れて、時々ぼんやりとしてしまい、叱られてしまうそうです。しかし、この青年は、キーボード入力はタッチタイピング（キーボードのキーを見ないで、指先の感覚で入力する作業）で、1分間に45字程度入力できます。この45字というのは、成人の手書きでの書字速度とほぼ同じなので、キーボードが

あれば仕事では困らないという状況です。

　この男性とは別の事例ですが、メールは、パソコンの人工合成音声で読み上げさせて、読みの補助にしている人もいます。

　これらの事例のように、読み書きの困難は大人になっても大なり小なり残ります。しかし、読み書きの困難があっても、上手にパソコンなどの補助代替ツールを使うことによって、社会生活にうまく適応していくことはできるのです。

就学前では読み書きの困難さは不明

　文字の読み書きの困難さですから、基本的には文字の学習が始まってからでないと、読み書き障害かどうかはわかりません。

　DSM-5にも、「正規の教育が開始された後にのみ診断が可能となる」と書かれています。

　文字の読み書きの学習がある程度進み、文字の読み書きの正確さと流暢さに困難があるという状況を確認して初めて困難があるといえます。ただ、これまでの事例のエピソードを集めると、保育園や幼稚園で文字の学習が始まっても、読み書きに困難がある子どもは、関心を示さないで遊んでいるということはあるようです。

　そのようなエピソードを精選して読み書きの困難を早期に発見しようと開発されたCLASPというチェックリストがあります（『吃音？ チック？ 読み書き障害？ 不器用？ の子どもたちへ　保育所・幼稚園・巡回相談で役立つ"気づきと手立て"のヒント集』稲垣真澄 編集　診断と治療社　2020年 参照）。CLASPは、読み書き障害だけではなく、チック症、吃音症、不器用も入れた４つについて、就学前に評価することを目的にしています。読み書き障害に関しては「読み書き」という項目があります。「文字を読むことに関心がない」「単語の発音を正確に言えないことがある」「自分の名前や、ことばを言いながら、一音一歩ずつ移動する、あるいはコマを動かす遊びができない」「歌の歌詞を覚えることに苦労する」「文字や文字らしきものを書きたがらない、書くことに関心がない」の５項目

の質問があります。それぞれを、「まったくない」「ごくまれにある」「時々ある」「しばしばある」「常にある」の５段階でチェックします。「しばしばある」「常にある」の項目が１つ以上あると、「限局性学習障害の可能性がある」と判定します。ただし、あくまでも「可能性がある」というだけですので、レッテル貼りにならないよう、注意が必要です。なお、CLASPが載っている本には、「限局性学習障害の可能性がある」という判定が出た後の、具体的な支援や対応も書かれています。

読み書き障害の原因は 親の育て方とは関係ない

　親の育て方や環境などは、読み書き障害の原因にはなりません。

　文字を読んだり書いたりするための基礎能力が、何らかの理由でうまく働かないことが原因です。

　文字の読み書きができるようになるために必要な基礎能力は、視覚認知と音韻意識です。このどちらか、あるいはどちらにも困難があると、文字の読み書きに困難が生じることになります。

あたしの 育て方が 悪かったのかと 思っていた…

文字の読み書きのメカニズム

　まずは、文字の読みのメカニズムについて、説明していきます。

1　低次の読みと高次の読み

　「読み」という過程は、文字を音に変換して意味を理解するという低次の過程と、文章内容を理解するという高次の過程に分けることができます。

　「低次の読み」の過程は、小学校低学年のうちに自動的にできるようになることがわかっています。ですから、小学校中学年以降の授業では、文章内容を理解するという「高次の読み」が中心になります。しかし、読み書きに困難を抱える子どもたちは、文字を音に変換する「低次の読み」の段階でつまずいています。

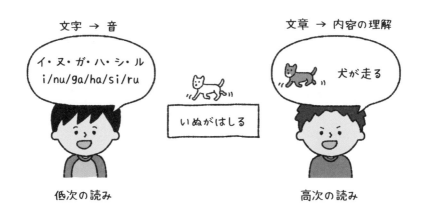

2 ボトムアップの読みとトップダウンの読み

　また、「読む」という過程には、「ボトムアップの読み」と「トップダウンの読み」の2通りがあります。

ボトムアップの読みのプロセス

　①文字を音に変換する→②その音のまとまりを頭の中にある辞書と照らし合わせて、意味として理解する→③その理解を統合して、文章全体を理解する

トップダウンの読みのプロセス

　①読む人が最初から頭の中に持っている知識から出発→②文字列の意味をその知識と照合しながら読む

　読みに困難がある人には、このトップダウンの読みを鍛（きた）えて、なんとか読みの困難を補っている人がいます。

ボトムアップの読み　　　　　トップダウンの読み

3 二重経路モデル

　二重経路モデルというのは、音韻経路（非語彙経路）と語彙経路
の2つの経路を設定して理解する考え方です。

　音韻経路というのは、文字を1つずつ音にして、自分の頭の中
にある辞書と照らし合わせて理解する経路です。

　「たいこ」という単語があると、「た」「い」「こ」と文字1つひ
とつを音にし、その音を「たいこ」とまとめ、自分が知っている
単語「たいこ 🥁」と照合して意味を理解するという経路です。

　語彙経路というのは、文字を1つひとつ音に変換しないで、文字
列全体を頭の中の語彙情報の辞書と照合して理解する経路です。
「たいこ」という文字列を見て、全体として「🥁＝たいこ」と
理解する経路です。

　音韻経路で処理する場合は、
規則的な読みを持つ語なら読む
ことができます。しかし、読み
が不規則な単語（例えば、漢字の
熟語や英単語）を、規則的な読み
で処理してしまうと、間違った
読み方になってしまいます。

　語彙経路は、自分の頭の中に
ある知識から引っぱってくる経
路なので、情報がない語は、読
みも意味もわからないというこ
とになります。

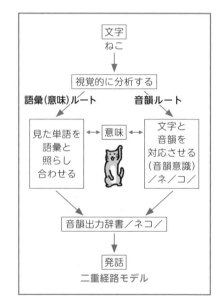

二重経路モデル

4 トライアングル・モデル

　トライアングル・モデル（コネクショニスト・モデル）では、〈文字層〉〈音韻層〉〈意味層〉と呼ばれる各処理ユニットが、相互に連携しながら、情報のやりとりをして処理するという考え方です。

　トライアングル・モデルの場合、表音文字であるひらがなはおもに〈文字層—音韻層〉の連携で処理され、表象文字である漢字はおもに〈文字層—音韻層—意味層〉の３つの連携で処理されるとみなされています。

　「書く」ことは「読む」ことと同じく、音を文字に変換する低次の過程と、思考内容を文章にする高次の過程に分けて考えることができます。

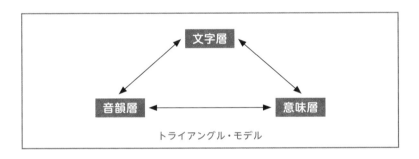

トライアングル・モデル

　低次の「書字」の過程のモデルは、読みのモデルと同様の二重経路モデル、トライアングル・モデルが提唱されています。

　ただし、「書く」ことには、「文字を記述する手の動き」といった運動も大きな要素になります。

　残念ながら「書く」ことは、「読む」ことに比較して研究が進んでいません。

1

読み書き障害に関する基礎知識

文字を読んでいるときの目の動き

　文字を読んでいるとき、視線は連続して文字を追っていくのではなく、1カ所に止まり、すばやく動いて次のところに止まる、という動きを繰り返しています。時には、もう一度、前に止まったところに戻ることもあります。

　文字を読んでいるときの目の動きについて解説するにあたり、まずは用語の説明をします。

　視線が文章中の1点に立ち止まり、次の点にすばやく動く瞬間的な動きを「サッケード（跳躍運動）」といいます。視線が文章の1点に止まっていることを「停留」といい、その時間を「停留時間」といいます。一度読んだところに戻る動きを「逆行」といいます。1行読み終えて次の行に移る動きを「行かえ」といいます。

文字を読んでいるときの「停留」

文字を読んでいるときの「逆行」

文字を読んでいるときの目の動き

　文章中のある１点から次の点への視線の動き＝サッケードの大きさは、２〜８文字で、この大きさは文章の難易度で変化します。難しい文章だとサッケードが短くなります。停留位置は文字上にある場合が多いですが、文字の間にある場合もあります。停留時間は、100〜500msec（ミリ秒：1000分の1秒のこと）で、ほとんど200〜300msecです。１停留中に把握される文字数は2〜8文字です。停留中は文字情報が入ってきますが、サッケード中は文字情報は入ってきません。縦書きと横書きの差については、これまでの研究では差がないという結果が報告されています。ただし、日本語での研究は多くなく、また最近のものも少ないため、基礎研究の必要性がいわれています。

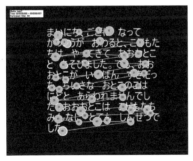

文字を読んでいるときの目の動き①
（一般の人の場合）

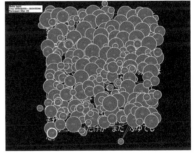

文字を読んでいるときの目の動き②
（読み書き障害の人の場合）
停留がたいへん多く見られ、
停留時間もかなり長い

読み書き障害に関する基礎知識

英語では、単語と単語の間にはスペースがあって、視覚的にも区切りがわかりやすいのですが、日本語は、句読点以外は区切りがありません。読むときにはどのような手がかりが使われているのでしょうか。漢字が区切りになっているという説があります。漢字は名詞や動詞の語幹*に使われるので、ほとんどの場合、ひらがなから漢字に変わるところは語の始まりですし、意味をもつ中心であることが多いと考えられます。実際、漢字に停留が置かれる比率が高いという研究もあります。

*語幹：語形変化の基礎になる部分のこと。例：「歩く（あるく）」の「ある」の部分。

読み書きが困難な人の文字の感じ方を示した一例

参照：認定NPO法人EDGE ウェブサイト「ディスレクシアって？」
https://www.npo-edge.jp/educate/

通常の見え方

> 子どもたちは毎日、午後になって学校から帰ってくると、大男の庭に行って遊ぶのが常でした。
> そこは、柔らかい緑の草が生えた、広くて素敵な庭でした。

読み書きが困難な人の感じ方の例1

©todotakanao

例2：文字が上空から見た摩天楼のように目に刺さってくる。近づいた文字が遠くの文字を隠し、行も違う行に移行してしまう。
→この場合、文字の書いてある紙面に色付きの透明シートをかぶせることで、「平屋になる」＝落ち着くそうです。

例3：文字が躍る、動く、ねじれることでどこにどの文字があるかわからない。書き写そうとすると、どの文字のどこを写していたかわからなくなってしまう。

読み書き困難の原因を練習で改善できる?

音韻意識について

　一般的に、音韻意識改善の支援方法としては、しりとり、音韻削除、音韻合成などがあります。

　海外の研究では、音韻意識は支援によって改善し、その結果として読みの困難も改善するという報告が多くされています。しかし、日本での研究はまだ少なく、定説はないといってよい状況です。

　著者の経験事例では、音韻操作課題の正答数は改善しましたが、正答するまでの時間は大幅にかかったままで、その改善は認められませんでした。また、課題の正答数の増加も、本人の独自の策略を使っての正答であり、音韻意識の改善からではありませんでした。

　ある事例では、単語の逆唱課題をする際に、指を使って1つずつ音を確認しながら解答していました。

　「『ひこうき』を逆から言うと、どうなりますか?」という問題に対して、その人はまず、左手を目の前に出し指を広げ、「ひ・こ・う・き」と声に出して言いながら、親指に「ひ」、人差し指に「こ」、中指に「う」、薬指に「き」を、右手の人差し指でそれぞれ貼り付けるようにしておき、その後で、左手の薬指から親指まで、右手の人差し指で触ってたどりながら「き」「う」「こ」「ひ」と答えていました。正解ですが、時間は大幅にかかりました。

また、中空に視線を止め、空中に文字を思い浮かべ、それを見ながら答える事例に出会うこともかなりありました。

　どの程度改善するのかは、支援を始めた年齢、音韻意識の困難さの程度などにも関係するでしょう。

視覚認知の困難について

....

　眼球運動の異常が認められる読み書き困難の場合は、ビジョン・トレーニングなどによって、読み書きの困難もある程度は改善するようです。

　しかし、読み書き障害がある事例すべてに、眼球運動の異常が見られるわけではありませんし、眼球運動の異常があれば読み書き障害になるというわけでもないようです。

　文字がゆがんで見えたり、動いているように見えたりするので、読むのが困難という場合もあります。文章を読むと、文字がぼやけたり、動いて見えたりするということなので、文字を読まない限り、日常生活で大きな困難は感じないようです。また、通常の視力検査では異常が認められないということにもなります。文字がゆがんだり動いて見える場合の支援は、カラーフィルターをページの上に置いたり、色つきメガネをかけたりする方法があります。原因仮説がまだ明らかではないので、実際に試してみて有効かどうかを確認するしかありません。

　ただし、読み速度が上がるかというと、これまでの研究では、そうではないとする研究のほうが多いようです。読み速度は上がらないけれども、主観的には楽になるという結論は、多くの研究が報告しています。

色つきのメガネの効果

　アーレン・シンドロームという症状があります。日本語では、光過敏性症候群と訳されています。

　ヘレン・アーレンというアメリカの学校心理士が見つけたもので、医学用語ではありません。目から入ってくる視覚情報を脳が処理する仕方に問題があるために、文字の読みに困難があると考えます。

　原因仮説はいくつかあります。そのうちの１つは、光の特定の周波数に対する網膜の細胞の感受性が高すぎると考えられています。例えば、青色の光に対する感受性が高すぎる場合、黄色のメガネをかけたり、黄色のフィルターを紙の上に置いたりすると読めるようになると考えます。日本での研究は少なく、臨床的にカラーフィルターや色つきメガネを処方し、有効であれば使うという支援がされている程度です。

読み書き障害の海外での認知度

　海外では、読み書き障害であることが知られている人は、日本よりもずっとたくさんいます。

　例えば…

　映画監督　スティーブン・スピルバーグ

　　　　（『インディ・ジョーンズ』『E.T.』『シンドラーのリスト』など)

　俳優　トム・クルーズ

　　　　キアヌ・リーブス

　女優　キーラ・ナイトレイ

　　　　ウーピー・ゴールドバーグ

　小説家　ジョン・アーヴィング

　実業家　リチャード・ブランソン

　スウェーデン国王　カール16世グスタフ

　古生物学者　ジャック・ホーナー

　　　　（映画「ジュラシック・パーク」の主人公のモデル)

など、たくさんの人の名前をあげることができます。

　英語での読み書き障害は約10%といわれているように、多くの人に認められる困難であるため、日本よりはよく知られています。また、「読み書きに困難がある」とわかったときには、その人にあった学習方法を試してくれたり、読み書き障害の子ども専門の私立学校があったりします。

　また、大学入学試験でも、海外では、読み書き障害のある受験者に対する配慮として、日本の大学入学共通テストの要項には取

り入れられていない、人による音声出題、機械による音声出題、代筆解答、ワープロの使用などがあります（ただし、個別の申請に対して検討はされます）。時間延長も、日本の大学入学共通テストでは1.3倍と1.5倍だけですが、2倍、2倍以上と選択肢が複数用意されています。

　しかし、すべてうまくいっているわけではないようです。例えば、読み書き困難のある子ども専門の学校は私立なので、経済的に余裕がある家庭の子どもしか行けないという問題があるようです。

不登校との関係

　鳥取県での報告（小枝達也、2001）、東京都の通級指導教室の報告（石井恵子・上野一彦、2008）では、読み書き障害のある子どもが不登校になる割合は高くなっています。

　それらを見ると、小学校のときには10 〜 30%ぐらいの割合ですが、中学校に進むと、50 〜 60%という高い率で不登校になっている現実が見えてきます。教育相談でも、不登校の相談で訪れた事例で、よく話を聞いたり検査などを実施したりすると、読み書き障害が原因の１つになっていることに気づくことは多くあります。

　「不登校＝心の病」という定式で考えるのではなく、読み書き障害が原因の学習困難が、不登校の原因の可能性もあることを考慮しながら、丁寧に相談に対応する必要があります。

　特に、自閉症スペクトラム障害やAD/HD（注意欠如・多動性障害）などの発達障害には、読み書き障害が合併している可能性が高いので、そのような発達障害で不登校になっている事例では、読み書きの問題をチェックすることが重要です。

生活面や行動面での問題

　自閉症スペクトラム障害やAD/HD（注意欠如・多動性障害）など
の行動上の問題がなければ、読み書き障害そのものから直接、行
動面の問題が出ることは少ないです。

　しかし、読み書き障害への対応がうまくいっていない場合
に、二次障害として、行動上あるいは生活上の問題が出ることは
多くあります。例えば、不登校、引きこもり、うつ病、反社会的
行動などの可能性があります。

　もし、二次障害がうつ病など医療的ケアが必要な場合は、まず
医療機関での治療などにつなげることが重要です。他の行動上の
問題の場合は、その行動に対する直接的な支援と同時に、読み書
き障害への適切な支援を進め、本人の自尊感情の回復をはかる必
要があります。その際、補助代替支援ツールも導入し、本人の読
み書きに対する負担感を少しでも減らすことは有効です。

相談先は……

　各都道府県市町村の教育委員会や教育センター的な役割を果たしている機関の教育相談担当部署で相談できます。また、特別支援学校は、教育相談のセンター的役割を持っていて、特別支援教育の専門の相談員がいるので、地域にある特別支援学校に相談することもできます。発達障害児の診察を行っている医療機関でも相談ができます。発達障害者支援法によって設置されている発達障害者支援センターでも相談に応じてもらえます。

　ただ、残念ながら、日本では読み書き障害については、情報や現場での支援方法の普及はまだまだ不十分なので、相談できる場所や支援内容などの地域差はあるようです。

　読み書き障害支援や相談を受け付けている民間団体や機関には、以下のようなところがあります。

　認定NPO法人EDGE
　一般社団法人読み書き配慮
　一般社団法人日本ディスレクシア協会
　ディスレクシア協会名古屋
　大阪医科薬科大学LDセンター

医療機関の受診について

　「○○障害である」という診断は医師にしかできませんから、診断書が必要な場合は受診する必要があります。所属する学校でなんらかの配慮をしてもらうだけであれば、特に診断はいりませんが、学校の授業時に特別支援教育支援員をつける、大学入試で配慮を利用するなど、何らかの制度を利用する場合には、診断（診断書）が必要になることが多いです。

　また、医療機関によっては、診断後、言語聴覚士による言語訓練などを受けることが可能なところもあり、学校以外での支援を受けることができます。他の発達障害もある場合には、読み書き障害以外の発達障害への支援が必要になることもありますから、医療機関を受診しておくことは、その後の支援に有効な場合が多いです。

　なお、診断を受けても、その後の支援がされなければ、診断を受ける意味がありません。診断は支援のためのものです。診断後の具体的な支援が適切にできる機関かどうか、調べておく必要があります。

COLUMN 1

なぜ日本語の漢字には
複数の読み方があるのでしょうか？

　漢字の読みを覚えられない理由の１つに、「いくつも違った読みがあるから」というのがあげられます。ではなぜ、日本語の漢字には複数読み方があるのでしょう。

　中国語は漢字で表記します。中国語では漢字は１字１音です（ただし、声調という音の高低のパターンが４つあります〈四声という〉）。それに対して日本語の漢字は、訓読みと音読みというように、複数の読み方があります。例えば、「京」という漢字は、「みやこ」、「きょう」(京都)、「けい」(京阪、京急)、「きん」(北京、南京)と読むことができます。「みやこ」は訓読み、「きょう」「けい」「きん」は音読みです。音読みは、呉音、漢音、唐宋音に区別ができます。呉、漢、唐、宋は、中国の王朝の名前です。つまり、中国から漢字が日本に伝えられたその時代の発音を日本語に取り入れたのです。１つの漢字に対して、時代とともに後から別の読み方が加わり、結果として日本語の漢字に複数の読み方があるようになったというわけです。漢字を日本語の中に取り入れた、日本ならではの歴史的な背景があるのですね。

COLUMN 2

文字の読み書きに困難が生じる
原因をもう少し詳しく知りたいです。

　なぜ文字の読み書きに困難が生じるのか、仮説として、以下のようなものがあります。

1　音韻意識障害説

　音韻意識とは、話し言葉を、音韻・音節などの小さな単位に分解し、意識的に操作する能力のことです。「たいこ」という言葉を、「た」「い」「こ」とばらばらにできたり、最後の音が「こ」とわかったり、「た」をとって「いこ」と言えたり、逆から「こいた」と言えたりするといった能力のことです。読み書き障害は、このような操作に困難があることが原因であると考える説です。アルファベット圏の読み障害のメカニズムに関する学説としては、現在ほとんどの研究者が支持する有力な仮説となっています。

2　視覚認知障害仮説

　目から入ってくる文字情報の認知・処理に問題があるとする仮説です。音韻障害仮説が提案される以前から主張されていた論理ですが、再び注目されています。動くものなどの高速度で変化する対象の視覚情報処理（大細胞システム）に障害があるとしています。大細胞システムは視覚だけではなく聴覚の処理にも関係があること、また、小脳との間にも連絡があることが報告されていて、大細胞システム障害説はあらゆる仮説を説明できる可能性を示しています。

その他にも、下記のような仮説が知られています。

3 自動化−小脳障害仮説

　読み障害は、単語認知の自動化（流暢に読めない）にあると主張する仮説です。脳レベルでは小脳に障害があると説明します。読み書き障害のある子どもは、しばしば極端な不器用を伴っていることがありますが、そのような読み以外の運動スキルの困難についても説明可能な説です。ただし、この仮説は、音韻障害を否定しているのではなく、音韻障害も小脳障害が元になって生じるとしています。

4 二重障害仮説

　音韻障害仮説では、単語読みの正確さは説明できますが、流暢さの困難さを十分に説明できないことを批判し、音韻障害と呼称スピード障害という二重の障害が関与しているとする仮説です。ドイツ語のように、文字とその読み方との対応が規則的な言語では、音韻障害が解消しても、単語読みのスピードの問題は解消されないことが報告されています。

　このように、いろいろな仮説が提案される背景には、読み書きに困難を示す子どもたちの症状が多様であるということがあります。支援について考える際、この個々の子どもたちの多様性をしっかりと理解し、文字の読み書きの原因について探っておくことが必要になってきます。

CHAPTER 2

読み書き障害の
検査・評価

読み書きの困難の診断について

　現在、専門機関が読み書き障害であると判断するのに、つぎの２つの方法があります。

　１つは、知的な能力と読み書き能力に大きな差があることを明らかにするという方法です。これは、知能検査で知的な能力に問題がないことと、読み書き検査で読み書きの能力に大きな遅れがあることを確認するものです。

　もう１つは、支援を行ってみて効果がない場合に判断する（RTIモデル）という方法です。まず全員に読み書きの支援を行い、そこで改善した子どもはその後の支援は継続せず、改善しなかった子どもにはさらに個別に支援を行っていきます。最後まで改善しなかった子どもを読み書き障害と判断します。

　日本では現在、知的な能力と読み書き能力の差で判断することが通常の評価になっています。一方で、アメリカでは現在、RTIモデルが主流です。

　日本には、標準的なRTIモデルはありませんが、特殊音節の読み書きについては、指導パッケージが販売されています（『多層指導モデルMIMアセスメント・指導パッケージ』　学研教育みらい）。

知的障害か読み書き障害かを調べる

　知的能力を調べるには、知能検査を実施します。知的障害ではなく、読み書き障害であるという判定は、知的障害の基準値である70以上です。ただし、知能指数が70 〜 85の境界線については、慎重に判断する必要があります。

　知能検査は、通常はWISC-ⅣかWISC-Ⅴが使いやすいでしょう。K-ABCⅡも使いやすいと思います。田中ビネー式知能検査もありますが、田中ビネー式知能検査は、その結果から個人内の認知特性を探るのが難しいので、実施するなら、WISC-ⅣかWISC-Ⅴ、またはK-ABCⅡがいいでしょう。

　文字の読み書きの検査に使われる『標準読み書きスクリーニング検査』(STRAW-R) では、知能検査はWISC-Ⅳやレーヴン色彩マトリックス検査 (RCPM) を使用することになっています。

　レーヴン色彩マトリックス検査は、医療機関には普通にあっても、教育機関（学校現場）にはない場合が多いでしょう。手元にあれば、実施は簡便ですし、実施時間も短いので、使用するとよいと思います。なお、『標準読み書きスクリーニング検査』の手引き書には、レーブン色彩マトリックス検査では注意力の弱さが、WISC-Ⅳでは発達性協調運動障害や視知覚の弱さが影響するので、留意が必要であることが記載されています。

　グッドイナフ人物画知能検査 (DAM) は、読み書き障害の子どもで発達性協調運動障害を合併している場合、絵が極端に下手であることがあり、結果として低い値が出ることがあるので注意が必要です。

読み書きに困難がありそうな 子どもについて相談を受けたら…

　読み書きに困っている状態について、具体的に聞いていきます。その際、「読み」と「書き」に分けて、「正確さ」と「流暢さ」の観点から聞いていくと、整理がしやすくなります。

1 「読み」に対して

❶単文字単位

・ひらがなの50音は読めるか

・特殊音節（拗音、促音、長音など）が読めるか

・カタカナは読めるか（「ツ」と「シ」は間違わないか）

・漢字の訓読みと音読みが混乱していないか（「ひとつ」を「いちつ」、「さゆう」を「ひだりみぎ」と間違わないか）

❷文単位

・1文字1文字読むか（逐語読み）

・文末を適当に自分で変えて読むか（勝手読み）

・とばし読みがあるか

・単語や文節の途中で区切って読んでしまうか

・音読の宿題をいやがるか

・漢字は読めるか

・算数の文章題はできるか

2 「書き」に対して

❶単文字単位

- ・ひらがなの似た字の間違いはないか（「ぬ」と「め」、「わ」と「ね」）
- ・鏡文字はあるか
- ・カタカナをすべて書けるか（すらすらと書けないのも問題がある）
- ・特殊音節は正確に書けるか
- ・濁点は抜けていないか
- ・例えば、体に関係する漢字はどの程度書けるか

  口、目、耳、手、足（1年）、顔、首、頭、体（2年）

  鼻、歯、血、息、皮（3年）

  脈、額、眼（5年）

  胃、腸、舌、胸、筋、骨、臓、脳、肺、腹、背（6年）
- ・漢字の誤りで、形の誤り（「文」と「父」、「手」と「毛」）、音の誤り（「舌」と「下」、「興」と「共」）、意味の誤り（「詩」を「語」、「浅」と「深」）などがあるか

❷文単位

- ・助詞は正確に書けるか（「へ」と「え」、「は」と「わ」、「を」と「お」の間違いはないか）
- ・句読点は抜けていないか
- ・ひらがなばかりで書いていないか
- ・文字を思い出すために止まる時間はないか

読み書きの能力を調べるには

　読み書きの能力を調べるには、読み書きの正確さと流暢(りゅうちょう)さを検査します。

　現在使えるおもな市販の検査は、『改訂版　標準読み書きスクリーニング検査（STRAW-R）』（インテルナ出版）、『特異的発達障害診断・治療のための実践ガイドライン』（診断と治療社）、『小中学生の読み書きの理解（URAWSSⅡ）』（atacLab）です。

1　改訂版 標準読み書きスクリーニング検査 (STRAW-R)

　STRAW-Rは、読み書きの正確さと流暢さのうち、読み（音読）の正確さと流暢さ、書きの正確さが評価できます。対象は、読み書きの正確さは小学１年生から中学３年生までで、読みの流暢さは高校３年生までです。読み書きの正確さを評価する課題は、ひらがな・カタカナの単文字と、ひらがな・カタカナ・漢字の単語です。読みの流暢さを評価する課題は、単語（有意味・無意味）と文章です。

　判定は、読み書きの正確さは正答数を、読みの流暢さは音読時間を各学年の平均値と標準偏差と比較して行います。判定基準は、手引き書には1.5標準偏差以上平均値から離れている場合に、明らかに問題があると解釈しますが、１標準偏差離れている

場合でも支援が必要な場合があるので、慎重に判断する必要があると書かれています。

2 特異的発達障害　診断・治療のための実践ガイドライン

実践ガイドラインは、読み書きの正確さと流 暢さのうち、読み（音読）の正確さと流暢さが評価できます。書きの評価はできません。対象は、小学1年生から小学6年生までです。

読み課題は、単文字、単語（有意味・無意味）、単文の4種類3課題を実施し、示された平均値と比較して判定します。

2種類以上の課題で2標準偏差以上の遅さが認められると「異常」、1.5標準偏差以上の遅さが2種類以上の課題で認められると「経過観察」という判定がされます。

3 小中学生の読み書きの理解 (URAWSS Ⅱ)

URAWSSⅡは、読み書きの正確さと流暢さのうち、読み（黙読）と書きの流暢さが測定できます。対象は、小学1年生から成人までです。

書字課題は、各学年用の文章を3分間視写した1分間の書字数を書字速度としていま

す。読み課題は、1つの短文を黙読する時間を測定し、1分間に読める文字数に換算して読み速度としています。判定は各学年の平均値と標準偏差と比較して1.5標準偏差以上離れている場合に、困難があるとします。

書字速度は、手本を書き写してもらうだけですが、視覚的な問題から読み書きに苦労している子どもは、書字速度が遅いことがしばしばあります。1文字1文字写しているか、ある程度意味のあるまとまりを覚えて写しているか、ひらがなと漢字ではスムーズさに違いがあるかなどを見ます。また、書字が苦手な子どもは、句読点や濁点を忘れることもあります。文字から意味をとって写すことに精一杯になるからではないかと考えられています。

4 その他

K-ABC Ⅱの習得尺度の中の「読み尺度」と「書き尺度」の課題は、読み書きの正確さの評価に使えます。18歳11ヶ月まで使えるので、大学入試での配慮申請の根拠資料として使うことができます。

検査を使わないまでも、音読してもらえば、流暢（りゅうちょう）に読めているかどうかはわかります。このとき注意しなければいけないのは、「読んだことがない文章で調べる」ということです。学校の教科書に載っている文章の場合、授業で音読をしていると、耳から聞いて覚えてしまっていて、すらすら読めることがよくあるからです。

知的能力や読み書き能力以外で、調べておいたほうがよいこと

　生育歴、療育歴、家庭環境なども、可能な範囲で聞いておくと参考になります。日本では遺伝事例の報告はありませんが、海外にはありますし、疑わしい遺伝子の候補は研究対象になっています。

　保護者や親族の中で、字が極端に汚かったり、漢字が書けなかったり、読むのが極端に苦手だったりする人がいるかどうか聞いておくのは、読み書き障害であるかどうか判断するうえで貴重な情報になります。

　著者も、実際にそのような相談事例に会ったことがあります。お父さんが自分でも読めない字を書く、お祖父さんが漢字が書けなくてお祖母さんがいつも代わりに書いていた、お母さんがカタカナが苦手などの例がありました。

読み書き障害があるとわかった後は…

　支援のための情報を集めます。方針は２つです。読み書きが困難になっている原因を探ること、個人内の認知などの特性を探ることです。

　最初に、読み書き困難の原因が視覚的か音韻的かを探っておきます。これは、支援方法を考えるうえで参考になるからです。

　例えば、視覚的な原因から漢字の読みが困難な場合、漢字にふりがなをつけるという支援は、じつは支援になりません。漢字という複雑な図形の認知に苦労しているのに、ふりがなをつけるということは、漢字をさらに複雑にすることになってしまうからです。

　つぎに、個人内の認知などの特性について探ります。著者は、聴覚的記憶力と語彙力を調べています。

　聴覚的記憶力は、読みに困難のある場合の支援として音声による読み上げを使う際に、一度に読み上げる分量や読み上げる速度を考慮する際の手がかりになります。また、語彙力は一般に読み書きに困難がある場合、読書経験が不足するために育っていないことが多いのですが、どの程度語彙力が育っているのかを確認しておくと、その後の支援目標を立てるときに有効な情報になります。

視覚的な原因を探るための検査

　視覚認知の検査としては、教育現場では、フロスティッグ視知覚発達検査が使いやすいでしょう。ベントン視覚記銘検査（BVRT）が使える環境もあるかもしれません。

　ただ、BVRTなどの比較的単純な図形記憶では、視覚認知の問題から読み書きに困難があっても、検出できないことがあります。レイの複雑図形検査（ROCFT）をすると、記憶再生得点の低下が出ることが多いのですが、レイの複雑図形検査は教育現場にないことがほとんどですし、その採点も慣れていないと難しいです。

　『「見る」力を育てるビジョン・アセスメント　WAVES』（学研教育みらい）は、視知覚、目と手の協応、眼球運動の3領域の視覚関連基礎スキルを、10種類の下位検査でアセスメントする検査です。この検査にはトレーニングブックも付属していて、検査結果からすぐにビジョン・トレーニングに進むことができます。

　視覚機能を調べてくれる医療機関では、支援につながる評価をしてくれますが、日本では限られたところでしか行われていません。『怠けてなんかない。セカンドシーズン』（品川裕香 著　岩崎書店）や『ディスレクシア入門』（加藤醇子 編著　日本評論社）には、そういった機関などが紹介されていますので、参照してみてください。

音韻的な原因を探るための検査

　音韻操作というのは、言葉を音の単位で自由に操作できる力のことです。例えば、「たいこ」という言葉の「た」を取ったら「いこ」になる、逆から言うと「こいた」になるなどのことができる力です。

　音韻意識については、音韻削除課題（「あたま」から「あ」をとって「たま」を答えるなど）、逆唱課題（「きつね」を逆から言って「ねつき」と答えるなど）、無意味単語音読、しりとり課題などがあります。平均値と標準偏差が示されている入手しやすい音韻検査は3つあります。

　1つは、宇野彰らの「学習障害児の早期発見検査法の開発および治療法と治療効果の研究」（厚生労働科学研究平成14年度研究報告書）の中にある音韻検査です。対象は、小学校1年生から6年生までです。pdfファイルの報告書は、https://mhlw-grants.niph.go.jp/project/6633（2022年2月28日現在）からダウンロードできます。

　2つめは、『読み書き困難児のための音読・音韻処理能力簡易スクリーニング検査　ELC』（加藤醇子・安藤壽子・原惠子・縄手雅彦著　図書文化）です。対象は、小学校2年生と3年生です。

　3つめは、『言語聴覚士のための言語発達障害学第2版（石田宏代・石坂郁代 編集　医歯薬出版　2016年）の中の、原惠子「学習障害—発達性読み書き障害を中心に—」にある音韻検査です。対象は、小学校1年生から6年生までです。

より効果的な支援を行うために必要な検査

　WISCなどの下位検査項目のばらつきから考察できる場合もありますが、読み書き困難な事例でWISCなどでは何のばらつきもない場合もあります。

　より効果的な支援を行うために有効な検査内容として、以下のものがあげられます。

❶聴覚的記憶力

　聴覚的記憶の検査としては、レイ聴覚性言語学習検査（RAVLT）という検査があります。しかし日本語化されておらず、研究者が各自日本語化して使っているのが現状です（例えば、若松ほか、2003年）。また、日本人の小児の標準値がないという問題もあります。ただ、この検査をすると、支援として聴覚的な補助が有効であると根拠をもっていえるので、実施しておくと有効なことがある検査です。

❷語彙力

　小学校1年生から小学校3年生にかけて、ひらがなの符号化（文字情報を一定の規則に従って脳に記録したり、それが自動的に処理できるようになること）は、速く行われるようになります。小学校低学年では、符号化の処理効率が読解能力に影響を与えますが、その後の読解能力を規定する要因は語彙力であるという報告があります（高橋登、2001年）。

語彙力を増やすのは、読書です。読みが苦手な子どもは、読めないから読書をしない → 読書をしないから語彙力がつかない → 語彙力がないから読解力がつかない → 読解力がないから本を読まないという悪循環に陥りがちです。

　語彙力がどの程度あるのか確認しておくことは重要です。

　適用範囲が3歳0ヶ月〜12歳3ヶ月までの『絵画語い発達検査（PVT-R）』（日本文化科学社）、成人までの『標準抽象語理解力検査（SCTAW）』（インテルナ出版）という検査があります。

❸ 自尊感情 他

　自尊感情の低下、抑うつ状態、ストレス状態が大きな問題とされているので、自尊感情や抑うつ状態やストレス状態を測定することがあります。

　書籍として購入できるものとしては、SOBA-SETと日本語版KINDL®があります。

　SOBA-SETは、Social and Basic Self Esteem Testの略で、自尊感情を測定できます。『子どもの自尊感情をどう育てるか』（近藤卓 著　ほんの森出版　2013年）の中に、18問で構成されたテストがあります。

　日本版KINDL®は、『子どものQOL尺度　その理解と活用』（古荘純一・柴田玲子・根本芳子・松嵜くみ子 編著　診断と治療社　2014年）の中にあります。「身体的健康」「精神的健康」「自尊感情」「家族」「友だち」「学校生活」の6つの領域それぞれ4項目、全体では24項目の質問があります。

他にも、児童用コンピテンス尺度（桜井、1992）の中の自己評価コンピテンス尺度は、自尊感情に対応するとされています（『心理測定尺度集Ⅳ　子どもの発達を支える〈対人関係・適応〉』堀 洋道 監修　櫻井茂男・松井豊 編　サイエンス社　2007年に収録）。

　抑うつ状態の測定には、バールソン児童用抑うつ性尺度（DSRS-C）（三京房）が、ストレス状態の測定にはパブリックヘルスリサーチセンター版ストレスインベントリー（PSI）があります。

COLUMN **3**

読み書きの学習上のフローチャート

 小学校1年生

ひらがな・カタカナをしっかり覚えよう。

カルタやゲームなどを利用しながら、楽しく覚えましょう。

本書080 〜 082ページで紹介されているキーワード法や50音表法などを試してみて、本人に効果的な方法で取り組んでみましょう。

↓

 小学校2年生

小1・小2で習う漢字をしっかり覚えよう。

小１・小２で習う漢字は、義務教育で習得する漢字の基本パーツになるものが多いので、カルタやゲームなどを利用しながら、楽しく覚えましょう。

↓

☺ **小学校3年生〜6年生**

学習意欲が低下しないように、できるだけ無理のない読み書き環境で勉強しよう。

小学校で、タブレットPCなどを補助代替ツールとして使わせてもらえるケースは、まだまだ多くありません。ですが、せめて家庭での学習では、パソコンやタブレットPCなどを使って文字

入力をしたり、耳から聞いて学習できる音源を準備したりして、読み書きの負担を軽減し、学習本来の目的に向かわせられるようにしていきましょう。

　「手書きでの漢字練習は1文字5回」「音読は1回」などと反復の回数を決めて、本人がなんとかこなせる回数にしぼり、学習への嫌悪感を助長しないように工夫しましょう。

😊 中学校・高校

学校での授業でも補助代替ツールの活用を。

　家庭での学習だけでなく学校の授業でも、ノートテイクはパソコンやタブレットPCなどのワープロ機能を使わせてもらえるとよいでしょう。スマートフォンのメモ機能や録音機能なども活用して、書字の負担を減らし、学習に向かいやすくしていきましょう。録音図書（オーディオブック）の活用も有効です。

CHAPTER 3

読み書き障害への
サポート方法

「できないことをできるようにする」というサポート方針でいいのか

　読み書き障害に限らず、障害のある子どもへの支援については、考え方は大きく２つあります。

　「できないことをできるようにしよう」という考え方と、「できないことは何らかの方法で補おう」という考え方です。

　読み書きが困難な場合でいえば、前者は、「読み書きが苦手であれば、読めるようにしよう、書けるようにしよう」という考え方ですし、後者は、「読めないなら読んでもらおう、書けないならワープロ機能を使おう」という考え方です。

　これまでも、コミュニケーション障害に対して、絵カードなどの補助代替コミュニケーション手段（AAC：Augmentative & Alternative Communication）を使ったり、運動障害に対して補助代替機器を使ったりと、さまざまな障害の支援に、補助や代わりの道具は使われてきています。その一方で、「甘やかしにつながる」「本来持っている能力がなくなってしまう」などの反対意見もありました。特に、子どもに対しては、道具などを使うことよりも、訓練によってできるようにするという方向が、今も多数派かもしれません。

　しかし、障害の見方として、世界保健機関（WHO）からICF（国際生活機能分類）［巻末資料 208ページ 用語解説を参照］という考え方が出てきてからは、困っている本人だけの問題ではなく、環境の影響の大きさが注目されるようになって、本人の努力ばかり要求するあり方を考え直す動きも出てきています。また、合理的配慮の

考え方からも、補助代替という考え方は広がりつつある支援です。

　これら2つの考え方は、相反するものではなく、お互いに補い合うものです。年齢によって、どちらの支援策を重視するかは違ってくるでしょう。小学校1年生に対しては、ひらがなを正確に読めるようにする、書けるようにする支援は重要です。しかし、高校生にひらがな練習を課しても、高い学習意欲は望みにくいでしょう。高校生には、パソコンやタブレットPC、スマートフォンを活用する支援のほうが、より実生活に役立つのではないでしょうか。

　一人ひとり、読み書きが困難な原因、特性、支援開始の年齢などを考慮して、サポート方法を選択することが重要です。

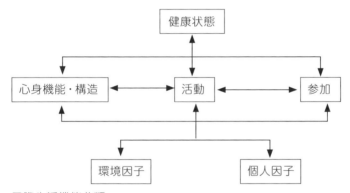

国際生活機能分類
ICF (International Classification of Functioning, Disability and Health)

ひらがなの読み書きを覚える方法の いろいろ

┃ 単文字レベル

❶キーワード法

「りんご」の「り」のように、意味ある単語と関連づけてひらがなを覚える方法です。単語は、本人が好きなキャラクターを使うと有効なことが多いです。

❷50音表法

(1) 50音を、「あ、か、さ、た、は、ま、や、ら、わ、ん」とあ段の最初の音を言えるようにします。

(2) その後、「あ、あいうえお、あか、かきくけこ、あかさ、さしすせそ、あかさた、たちつてと……」と、言えるように練習していきます。

(3) あ段、い段（いきしちにひみり）、う段（うくすつぬふむゆる）……と言えるようにします。

ん	わ	ら	や	ま	は	な	た	さ	か	あ
		り		み	ひ	に	ち	し	き	い
		る	ゆ	む	ふ	ぬ	つ	す	く	う
		れ		め	へ	ね	て	せ	け	え
	を	ろ	よ	も	ほ	の	と	そ	こ	お

❸粘土やモールで文字を作る

　粘土やモールなどで、ひらがな文字やカタカナ文字を作って覚える方法です。英語圏では、砂の上で書くという方法も使われています。

2　単語レベル

❶特殊音節

⑴ 視覚化

　特殊音節のように発音しない文字を視覚化するために、特殊音節にそれぞれ形を割り当てて、意識させる方法があります（天野清によるプログラムや、通常の学級における多層指導モデル［MIM］）。

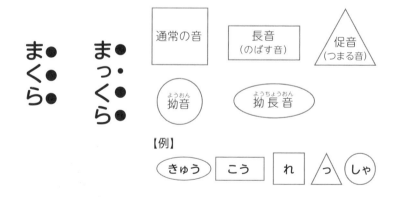

(2) 動作化

特殊音節のように発音しない文字や、濁音・半濁音のような濁点・半濁点の違いだけの文字などを意識させるために、決めたサイン（動作）をつける方法があります（多層指導モデル［MIM］）。

動作化の例：

「ねこ」	「ねっこ」
2回手をたたく	「っ」のところで、音を出さないで手をにぎる
ね　　　こ	ね　　っ　　こ

❷ 単語カード

単文字の読み書きがいくらスムーズになったといっても、単語をひとまとまりとして瞬時に見抜くことができなければ、スムーズな読みにはつながりません。そのために、単語カードを使ってカルタをするという方法があります。

このとき、市販のカードを使うと絵が描いてあるので、文字ではなくその絵が手がかりになってしまいます。ワープロソフト（アプリ）で、文字だけのカードを作るとよいでしょう。カードの大きさも、そろえましょう。

黒地に白い文字にすると、視認性がよくなり、見やすくなります。文字数が同じカードのセットを作るといいでしょう（多層指導モデル［MIM］）。

漢字を覚える方法のいろいろ

❶書き順を言語化する方法

　例えば、以下のような本に、その方法
が紹介されています。

『となえておぼえる漢字の本　改訂4版
小学1年生〜6年生』（下村昇 著、まつい
のりこ 絵／偕成社）

『読み書きが苦手な子もイキイキ 唱えて覚える
漢字指導法』（道村静江 著／明治図書出版）

『口で言えれば漢字は書ける! 盲学校から発信
した漢字学習法』（道村静江 著／小学館）

❷語呂合わせで覚える方法

　例えば、以下のような本に、その方法
が紹介されています。

『小学 漢字新字典』（小学教育研究会 編著／
受験研究社）

『小学全漢字おぼえるカード』

『中学重要漢字おぼえるカード』（ともに学研プラス）

　語呂合わせの例：

　【奏】　三人と二人で　演奏する

❸偏と旁の組み合わせにして覚える方法

例えば、『漢字博士　入門編』（奥野かるた店）があります。

　ほかには、アニメーションで一画ごとに書き順を見ることができるパワーポイント教材 (https://www.microsoft.com/ja-jp/enable/ppt/moji.aspx) を使うなどの方法があります。詳しくは、186ページを参照してください。

　なお、漢字は、書けなくても意味がわかっていれば、文章読解に有効な手がかりになります。漢字の「意味を教える」ということの優先順位を上げると、よい指導になる可能性が高いです。

『輪郭漢字カード第1集及び第2集』(教育技術研究所) は、表は漢字、裏は漢字とその意味を示す絵が重ねて描かれているというカードで、フラッシュカードとして使って、漢字の意味を覚えることができます。

　また、書けなくても、訓読みであれ音読みであれ、読みがわかっていれば、ワープロなどで漢字変換することができます。読み方を覚えるという支援も有効です。タブレットPCなどの手書き入力を使えば、漢字の読み方がわからなくても文字入力ができます。

　漢字が苦手だと、漢字の「とめ」「はね」「はらい」にまで気をつけることが難しく、画数や筆画 (漢字のパーツ) の位置関係などは合っているのに、とめていない、はねていない、はらっていないなどで不正解とされてしまうことがあります。

　「とめ」「はね」「はらい」については、文化庁が「常用漢字表の字体・字形に関する指針 (報告) について」(2016年) の中で、字の細部に違いがあっても、その漢字の骨組みが同じであれば、誤っているとはみなされないという方針を出しています。つまり、読み手に伝わる (読み取れる) 字が書かれていればOKという基準が示されているのです。

反復練習は本当に効果があるのか

「繰り返し読んだり書いたり」という練習方法は、読み書きに困難がある子どもたちには、有効でないことが多いです。

「10回書いても覚えられないなら、20回書きましょう」という支援は、本人の苦痛を増やすだけです。そのような反復練習ばかりでは、本人の勉強する気をなくし、本来の勉強するべき学習内容について、覚えることや考えることをやめてしまうきっかけになる恐れがあります。

読み書き障害の原因にあった支援方法を示す必要があります。本書で紹介している読み書き障害の評価方法、サポート方法を参考にしてください。

反復練習などの努力を強いる支援を続けることに関しては、著者の興味深い個人的経験があります。

著者の研究論文に、学齢期に読み書き困難のエピソードのある成人8名の読み書き検査結果を報告したものがあります (河野俊寛、2014)。論文には書いていませんが、読み書き検査結果をフィードバックしたときの成人の感想は、全員「私の努力不足ではなかったのですね」です。成人の方たちは、読み書きがスムーズにできないことを、自分の努力不足と思い込んでいたのです。おそらく、成人の方たちが学齢期だったときのまわりの大人は、善意で「がんばれ」と励まして反復努力を続けさせていたのでしょう。その結果、本人たちは長い年月がんばりつづけてきたので

す。検査をした成人の中には、当時60歳の人もいました。しかし、努力に見合った読み書きの改善は大きくなかったということです。読み書きの困難に対して、本人の努力ばかり要求することの危険性がわかる話ではないでしょうか。

読みの困難を補助・支援する方法

　読みの困難の補助代替支援には、おもにつぎのような方法があります。

　なお、アプリの価格は、2022年3月31日現在のものです。

❶ ふりがな（ルビ）をつける

　漢字すべてにふりがな（ルビ）をつけるのは大変ですが、ふりがなを自動でつけてくれるソフトやアプリを使えば簡単です。

　ふりがなをつけるソフトには、

「自動ルビ振り for Word」（Windows用　菊池昭次　シェアウエアソフト　2,310円）

「一太郎」（Windows用　ジャストシステム　通常版23,100円）

　があります。どちらも、学年に対応して漢字にふりがなをつけてくれる機能があります。

　タブレットPCやスマートフォン用のアプリには、

「ふりがな」（iOS用　telethon k.k.　無料）

「ふりがな〜漢字読み方アプリ」（iOS用　Koji Watanabe　無料）

「ふりがな」（Android用　Glasir Technology Company　無料）

　などがあります。

　ただし、視覚認知機能の困難が原因の読み書き障害には効果がないばかりか、複雑な漢字にふりがなをつけることによって、よけいに読みを困難にする場合もありますので注意してください。

❷文章の音声化

　文字が読めなくても、文字を音声で読み上げることで、理解できるようになる子どもがいます。ICT機器の音声読み上げ機能は、Windows、iOS、Androidそれぞれに、標準機能として最初からあります。

PDFファイルやテキストデータ

子どもたちは毎日、午後になって学校から帰ってくると、大男の庭に行って遊ぶのが常でした。
そこは、やわらかい緑の草が生えた広くてすてきな庭でした。

こどもたちは まいにち ごごになって がっこう から かえってくると おお おとこの にわにいって……

耳で読むと よくわかる！

音声エンジンが文字を音に
変換して読み上げる

　まず、パソコン、タブレットPC、スマートフォンで音声読み上げをするためには、日本語を音声化するための「音声エンジン」と呼ばれるシステムが必要です。Windows10、iOSには最初から内蔵されています。Androidでは日本語の音声エンジンが入っていない場合があるので、「N２ ＴＴＳ」(KDDI Research, Inc 無料)、「多言語対応 読み上げブラウザ Vowc」(IYAS　無料) などをインストールする必要があります。

　PDFファイルは、無料ソフトのAdobe Acrobat Reader DCで読み上げさせることができます (メニューの [表示] の中に、[読み上げ] という項目があります)。

　Wordは、「クイックアクセスツールバー」のメニューの中の「音声読み上げ」で読み上げさせることができます。

タブレットPCやスマートフォンのＯＣＲアプリは、読みたいページを写真に撮るだけで自動で文字認識してくれますので、標準機能の読み上げを組み合わせて使うと、簡単に文章を音声化できます。以下のようなアプリがあります。

「撮るだけ文字認識」(iOS用　Takashi Tomoto　無料)

「Microsoft Lens」(iOS用・Android用　Microsoft Corporation　無料)

「Adobe Scan」（iOS用・Android用　Adobe　無料)

「一太郎Pad」（iOS用・Android用　JustSystems Corporation　無料)

ここがポイント!

読みたいと思う紙の本があった場合、スキャナーで簡単にPDFファイルを作成することができます。その際、スキャナーのソフトの設定で「検索可能なPDF」としないと読み上げはできないので、注意しましょう。

❸文章の録音

大人が文章を読んで、ICレコーダーやスマートフォンなどの携帯端末に録音し、その録音を補助にするという方法です。この方法は、録音だけですので、簡単に使えるという利点があります。

ICレコーダーなどに録音する

❹読めない漢字の読み方・意味を知る

　漢字１文字であれば、タブレットＰＣ・スマートフォンアプリの「常用漢字筆順辞典」(iOS用・Android用　NOWPRODUCTION, CO., LTD　広告付きは無料／広告無しは860円)「漢字辞典 ―手書き漢字検索アプリ」(iOS用・Android用　Trips LLC　無料)などを使うと、筆順、読み方、意味がわかります。

　熟語の場合は、国語辞典アプリの検索ボックスに、手書き入力で漢字を入力すると、読み方がわからない漢字でも調べることができます。

　手書き入力は、iOS (標準装備) では ［設定］▶［一般］▶［キーボード］▶［新しいキーボードを追加…］▶［簡体中国語 ― 手書き］と設定し、Androidでは「Gboard」(Google LLC　無料) が使えます。

　手書きで、文字入力スペースに漢字を１文字書くと、候補語が出てきます。読みや意味を知りたい漢字を選択すると、辞書の検索ボックスに入力され調べることができます。熟語の場合も同様の操作で手書き入力をして調べます。漢字を１文字入力した時点で候補語に熟語が出てくる場合もあります。

❺読み環境の整備

(1) 文節ごとに区切りを入れる

　小学校３年生以降になると、教科書は分かち書きではなくなります (小学校２年生で徐々に通常の文章に読み慣れるよう、文節による分かち書き → 2、3文節まとめた分かち書き → 通常の分かちのない書き方へと段階的に移行しています)。読み書きに困難がある子どもは、３年生

になって急にその困難さが目立つことがありますが、それは文章の区切りをスムーズに見つけることができなくなるからです。

　文章を区切っていく練習をすることによって、言葉をかたまりでとらえることがスムーズになる可能性があります。また、区切りをいれた文章は、視覚的にも読みやすくなります。

子どもたちは／毎日、／午後になって／学校から／帰ってくると、／大男の／庭に／行って／遊ぶのが／常でした。

そこは、／やわらかい／緑の／草が／生えた／広く／すてきな／庭でした。

例② 分かち書きに区切りを入れたもの

子どもたちは　毎日、　午後になって　学校から　帰ってくると、　大男の　庭に　行って　遊ぶのが　常でした。

そこは、　やわらかい　緑の　草が　生えた　広く　すてきな　庭でした。

例① 分かち書き

子どもたちは毎日、午後になって学校から帰ってくると、大男の庭に行って遊ぶのが常でした。そこは、やわらかい緑の草が生えた広くてすてきな庭でした。

通常の文字組み

(2) 文字の刺激の量を調節する

　読む際に文字の刺激の量を調節することで、読みやすくなる子どもがいます。紙の本には、紙面にカラーセロファンを載せたり、タイポスコープ（リーディングスリット）が役に立ちます。

パソコンの画面に色をつけるソフトもあります。

「ClaroView」 (Mac用2,440円・Windows用1,500円　ClaroSoftware)

「如意スクリーン」 (Windows用　無料 http://soft.edolfzoku.com/nyoi/)

パソコン画面の一部を拡大して見せるソフトもあります。

「ScreenRuler Suite」 (Windows用　126イギリスポンド　ClaroSoftware)

タイポスコープで読むところだけを囲む

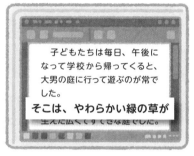

パソコンの画面上で読みたいところだけを拡大する

タブレットPCやスマートフォンにも、画面を白黒反転する機能や自分の見やすい色の画面に変更する機能があります。

白黒反転画面

iOS: ［設定］▶［アクセシビリティ］▶［画面表示とテキストサイズ］▶［反転］

Android: ［設定アプリ］▶［ユーザー補助］▶［ディスプレイ］▶［ダークテーマ］

画面に色をつける

iOS: ［設定］▶［アクセシビリティ］▶［画面表示とテキストサイズ］▶［カラーフィルター］

Android: ［設定アプリ］▶［ユーザー補助］▶［テキストと表示］▶［色補正］

101ページの「読むことの補助」で紹介している読書アプリは、背景色やフォントの種類・大きさを調整することができるので、自分が読みやすい環境で読書をすることができます。

❻拡大して利用する

　平成23（2011）年度の大学入試センター試験では、発達障害者への配慮事項の１つとして「拡大問題用紙」(1.4倍) という選択肢が入りました。令和３ (2021) 年度から始まった大学入学共通テストでは、センター試験に引き続き、14ポイントと22ポイントの２種類の「拡大文字問題冊子」が用意されています。拡大するだけで読みやすくなる人がいます。

　ただし、どの程度の拡大が読みやすいのかは、その人によって異なりますので、適切な拡大倍率を見つける必要があります。タブレットPCやスマートフォンでは、２本の指を広げるように動かすピンチアウトという操作で画面を拡大できるので、簡単に自分にあった拡大倍率を見つけることができます。

❼読みやすいフォントにする

　明朝体の「うろこ」や縦画と横画の太さの違い、教科書体の起筆・終筆が気になってしまい、文字認識から読みの音への変換がスムーズにいかない人がいます（神山忠、2008）。

明朝体　　　　　　　　　　　　教科書体

　そのような場合、フォントを丸ゴシックやユニバーサルデザイン（UD）フォントに変更すると、「読みやすい」と感想を言う人が結構います。丸ゴシックやユニバーサルデザインフォントには、明朝体の「うろこ」や教科書体の「起筆・終筆」、縦画と横画の太さの違いなどの構成要素がないためです。

丸ゴシック体　　　　　　　　　UD教科書体

　ただし、フォントの変更によって読み速度が上がるかどうかは研究によって結果は分かれています。読み速度が上がる子どももいれば、上がらない子どももいるという結論が多いようです。

　カラーフィルターと同じで、読むことへの主観的印象は楽になるという研究結果は多くあります。

書字の困難を補助・支援する方法

❶タブレットPCで文字入力

GIGA（ギガ）スクール構想により、小・中学校で子ども1人にタブレットPC1台が配布されるようになりました。タブレットPCを文字入力装置として活用すれば、書くことを補うことができます。

しかし、授業中にインターネットに接続してネット検索ばかりしてしまい、ノートテイクが進まないといったことが起きてしまう懸念があります。文字入力・文章作成の際は、必要時以外はネット機能は使わないというルールを守るようにしましょう。

❷50音配列キーボード

キーボードを使ったローマ字入力やかな入力が苦手な人には、パソコンやタブレットPCの画面上に表示される50音配列のキーボードをおすすめします。

Windowsには、50音配列のスクリーンキーボードがあります。

50音タッチ キーボード　Windows 10

iOSには標準で、50音配列キーボードが装備されています。

Androidには、キーボードアプリを使う必要があります。

「FSKAREN」（FUJISOFT　980円）

「Wnn Keyboard Lab」（OMRON SOFTWARE Co., Ltd.　無料）

などがあります。

◀▲FSKARENの画面

❸タブレットPC用のBluetoothキーボード

ローマ字入力ができる人には、タブレットPC用のBluetooth
キーボードをおすすめします。

キーボード入力をする際に気をつけたいことは、キーボードの文字を見ないで入力する、タッチタイピングにすることです。キーボードの文字を見ながらの入力では、文字を思い出しながら文字を書いている状態と同じになってしまい、入力速度は上がりません。タッチタイピングを練習しましょう。

❹単語予測

文章を綴ることが難しい人にとって、1文字入力すれば、以前に入力した単語から候補を示してくれる単語予測システムは、文字入力の負担が減るので有効です。

現在のパソコン、タブレットPC、スマートフォンでは、標準で単語予測機能が装備されています。

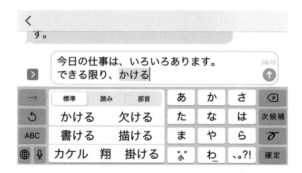

❺入力ミスのチェック

　Wordなど日本語ワープロソフトには、表現がおかしいところをチェックしてくれる機能が入っています。

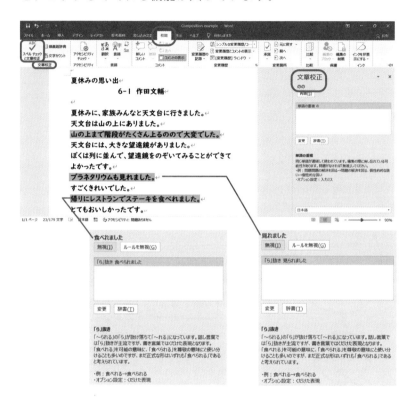

❻書く内容の整理

　キーワードを書き出し、それを整理することによって、何を書くか、まとめることができます。

　通常は、頭の中に記憶しておいたアイデアを文字に変えていくわけですが、文字がすらすらと出てこない場合、書きたいことを忘れてしまうことがおこります。書きたい内容は、頭から出して、付箋などの紙に書いて保存し、それを見ながら文章にするということをすれば、作文が楽になります。パソコンやタブレットPC・スマートフォンを使って同じことをするための「マインドマップ」と呼ばれるソフトやアプリがいくつも出ています（110ページを参照してください）。

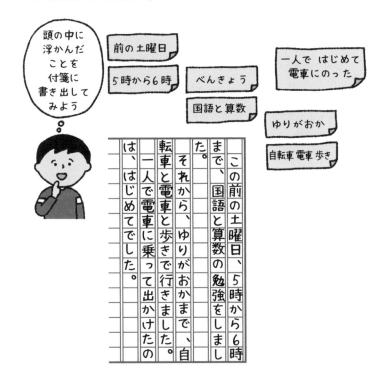

読みの補助・書きの補助に使える スマートフォンの機能やアプリ

　ほとんどのスマートフォンに付いている機能のいくつかは、読み書きの補助代替に使えます。

　例えば、カメラ機能は、書字メモの代わりに撮影して記録できます。音声録音機能も、書字メモの代わりに録音して記録できます。メール機能は、書字メモの代わりにもなりますし、予測変換でキーボードの入力数を減らすことができます。また、漢字変換を活用すると、漢字を書くことの補助になります。

　スマートフォンのアプリには、読み書き障害の補助代替に使えるものがありますが、ここではiPhoneやiPadのアプリを紹介します（2022年3月31日現在）。使い方などについては、『タブレットPCを学習サポートに使うためのQ&A』（河野俊寛 著　明治図書出版）も参考にしてください。

読むことの補助

❶ i 文庫 (DWANGO Co., Ltd.)

　iPhone用の「i文庫S」（250円）とiPad用の「i文庫HD」（860円）があります。

　青空文庫（著作権が切れた作品や著者が許諾した作品のテキストを公開しているインターネット上の電子図書館）の作品、テキストファイル、PDFファイルを女性の声で読み上げさせることができます。読み

上げ速度と声の高さの設定ができます。読み上げている部分にハイライトがつきます。

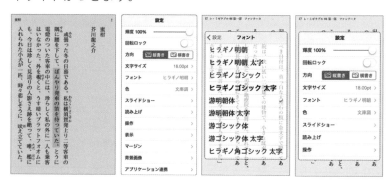

❷電子書籍アプリ Kindle（Amazon）

iPhone用、iPad用、Android用があり、無料です。Amazonの電子書籍アプリKindleは、子ども向けのふりがな付きの電子書籍を音声読み上げで読みたい場合に便利です。

　Apple Booksは、ふりがなを二重読みしてしまいますが、Kindleはそれがありません。選択読み上げ機能は使えませんが、画面読み上げ機能を使えば音声での読み上げが可能です。

　別途、アマゾンで電子書籍の購入が必要です。Kindleの電子書籍には音声読み上げ対応していないものもありますので、購入時には必ず、音声読み上げが可能かどうかチェックするようにしてください。また、Alexaアプリを導入すると、音声操作が可能になります。Alexaアプリを起動して、Alexaのアイコンを押して「キンドルの本を読んで」と声をかけると、読み上げをしてくれます。

❸ Voice Dream Reader（Voice Dream LLC）（2,440円）

　テキストファイル、PDFファイル、Wordファイルを読み上げさせることができます。音声も複数から選択できますし、人工合成音声の中で評価の高いMisakiを360円で追加することもできます。読み上げ速度の調整ができます。読み上げている部分にハイライトがつきます。

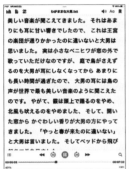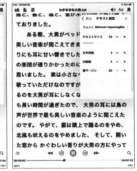

❹ 大辞林（2,700円）

　国語辞典のアプリ。読めない漢字をなぞって指定すると、その言葉の項目にジャンプするので、その漢字の読み方がわからなくても、読みと意味を調べることができます。

❺ ウィズダム英和・和英辞典2 (2,940円)

　わからない単語をなぞって指定すると、その単語のところにジャンプします。また、その単語の発音を聞くことができます。

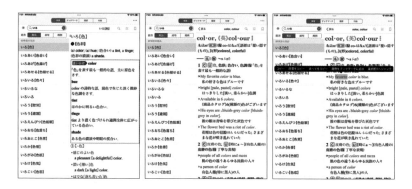

❻ マルチメディアDAISУ（デイジー）

　DAISУは「Digital Accessible Information SУstem」（アクセシブルな情報システム）の略で、電子書籍の国際標準規格です。視覚障害などにより、印刷された文字の情報を読むことが困難な人のために開発されました。音声のみの「音声DAISУ」形式と、写真やイラスト・図解とともに、文章のどの部分を読んでいるのかがわかるよう、ハイライト表示される画面を見ながら音声を聞くことができる「テキストDAISУ」形式、「マルチメディアDAISУ」形式があります。テキストDAISУの音声の音質や読み方は、使用している端末の音声合成機能に依存しますが、マルチメディアDAISУは、正しい読み方を確認済みの音声が含まれているため、特に義務教育の児童生徒に適しているといえるでしょう。

　なお、テキストDAISУ、マルチメディアDAISУでは、読みの速

度や書体（フォント）や文字の大きさ、文字色、背景色も変更できるため、眼球運動の弱さや視覚刺激などにより読みに困難のある場合にも有効です。

　マルチメディアDAISY形式の図書をダウンロードして読む場合には、以下のアプリが必要です（インターネットに接続しない状態で読むことができます）。

「ボイス　オブ　デイジー 5」（iPhone・iPad用　3,180円）

「いーリーダー」（iPad用　3,060円、Windows用　3,056円）

「デイジーポッド」（Windows用　無料）＊教科書専用

「しゃべる教科書」（iOS用　無料）＊教科書専用

「ChattyBooks」（iOS用、Windows用、Android用、Chromebook用　無料）

　マルチメディアDAISY形式の図書をブラウザで読む場合には、アプリは不要ですが、常時接続できるネットワーク環境が必要です。DAISY教科書の再生方法の詳細は、以下のURLを参照ください。

https://www.dinf.ne.jp/doc/daisy/book/daisytext_player.html

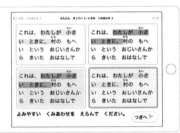

いーリーダー画面　　画像提供：シナノケンシ株式会社

(1)マルチメディアDAISY形式で読める図書

・デイジー子どもゆめ文庫

（公益財団法人 日本障害者リハビリテーション協会情報センター）

　https://yume.jsrpd.jp

　2022年4月現在、177タイトルの
作品があります。利用には申請が必
要です。デイジー子どもゆめ文庫サ
イトから申し込んでください。

・わいわい文庫

（公益財団法人伊藤忠記念財団）

https://www.itc-zaidan.or.jp/summary/ebook/waiwai/

　2022年現在、734タイトルの作品（絵本、読み物、図鑑など）が
あります。全国の学校や公共図書館、医療機関など団体に限定し
て寄贈されています。

　障害の有無に関係なく利用できる
「ブルー版」も用意されており、日本
の昔話や図鑑などを多数読むことが
できます。詳しくは、伊藤忠記念財団
のウェブサイトをご覧ください。

(2)マルチメディアDAISY形式で使える教科書

　通常の印刷された教科書を読むことが困難な児童・生徒用にデジタル化されたものです。小学校用・中学校用の教科書の約９割に対応して製作されています。

　Windows、iPad、Chromebook、どのタブレット端末にも対応していますが、ブラウザで読む際には常時ネットワークに接続している必要があります（オフラインでマルチメディアDAISY教科書を使用する場合には、教科書データをダウンロードをしたうえで、読むための再生アプリも端末にインストールしておく必要があります）。

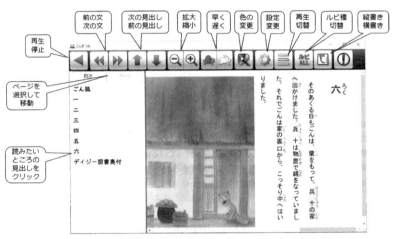

写真提供：日本障害者リハビリテーション協会　情報センター

　利用にあたっては、申請が必要です。本人または保護者、教員、特別支援教育コーディネーター、教育委員会、支援者が申し込むことができます。

（日本障害者リハビリテーション協会　情報センター　デイジー教科書担当）

https://www.dinf.ne.jp/doc/daisy/book/daisytext.html

※光村図書、東京書籍、教育出版、学校図書の国語の教科書で推薦している図書を、デイジー子どもゆめ文庫サイトからマルチメディアDAISY形式で読むことができます。

※各教科書会社が学習者用に出しているデジタル教科書も本文の音声読み上げ機能、ふりがな表示機能などが搭載されています。

各種音声教材

　発達障害などにより、通常の検定教科書を読むことが難しい児童・生徒に向けた教材。利用にあたっては、申請が必要です。

・AccessReading（アクセスリーディング）

　https://accessreading.org

（東京大学先端科学技術研究センター 人間支援工学分野 AccessReading事務局）

　小学校、中学校、高等学校の教科書の、DOCX形式（Microsoft Word等で開く形式）とEPUB形式（iBooks等で開くファイル）２種類の電子データを提供しています。

・ペンでタッチすると読める音声付教科書

　http://apricot.cis.ibaraki.ac.jp/textbook/

（茨城大学工学部情報工学科 藤芳研究室／NPO法人テストと学習環境のユニバーサルデザイン研究機構）

　光村図書と東京書籍の国語（小学1~6年、中学1~3年）があります。

・BEAM（ビーム）

　https://www.npo-edge.jp/support/audio-materials/

（認定NPO法人EDGE）

　国語と社会の教科書の本文を中心に音声化した、MP3（音楽ファイル）形式の音声のみの教材です。

・UD-Book（文字・画像付き音声教材）

　　https://home.hiroshima-u.ac.jp/ujima/onsei/index.html（広島大学）

・UNLOCK（アンロック）

　　http://treasure.ed.ehime-u.ac.jp/unlock/index.html（愛媛大学）

書くことの補助

❶標準機能の「音声入力」

　［設定］の［キーボード］の項目の中に、［音声入力］の設定項目があります。ただし、ネットにつながっている必要があります。日常生活上の用語は、正確に変換します。

❷ Speechy（Lite は無料・Pro は 1,220 円）

　音声認識アプリです。音声を漢字混じりのテキストに変換してくれます。無料版（Lite）は、最初の10回は時間無制限で使えますが、それ以降は1分で自動的に終了します。有料版（Pro）には時間制限がありません。

録音前の画面　　　録音中の画面

❸ SimpleMind（無料）

Xmind（iOS用、Windows用、Android用、Chromebook用　無料）

MindMeister（Chromebook用　無料版は作成できるマップは3枚まで）

アイデアをまとめるアプリ。有料版（1,100円）のSimpleMind Proでは、画像や音声を貼り付けることができるようになります。

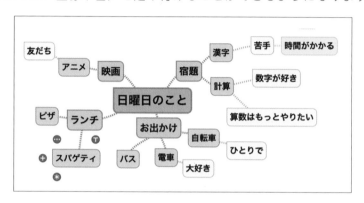

❹ UPAD for iCloud（860円）

PDFファイルや写真に文字を書き込むことができるアプリです。

学習プリントを写真に撮り、このアプリを使ってプリントの写真に答えを書いて、印刷して提出するという使い方ができます。

スキャンしたプリントに、「はい」か「いいえ」で答えるところには、手書きでマルを付け、文言で答える解答欄にはキーボードで入力する。

読み書き障害の原因によって 支援方法は異なることも

　読み書き障害の原因は、音韻性か視覚性かに大別できます（045〜047ページを参照）。

　原因の違いによって、支援方法が同じだと有効でない場合もあるし、同じでも有効なこともあります。

　例えば、特に漢字の読みに苦労している子どもがいて、その原因が視覚性だとします。そのときには、漢字のふりがなは有効な支援になりません。視覚性の読み書き障害ですから、漢字という複雑な図形の認知・記憶に苦労しているわけで、そこにふりがなを加えることは、漢字をより複雑な図形にしていることになります。

　しかし、文章の音声による読み上げ（代読）は、どちらの原因であっても、有効な支援になる場合が多いと思います。

　漢字学習においては、視覚性の原因の場合、書き順を言語化すると有効な場合があります。

　音韻性の読み書き障害であっても、視覚に問題がない場合は、偏と旁の組み合わせとして覚える方法が有効な場合があります。

$$糸 + 冬 = 終$$

$$氵 + 古 + 月 = 湖$$

$$立 + 里 = 童$$

補助代替ツールを使うと、ますます読んだり書いたりできなくなる?

　キーボードによる文字入力やICレコーダーを使用した記録など、補助代替ツールを使って学習意欲を維持するほうが、高次の思考（問題を解決するために考えたり、分析したり、大切なことを覚えたりすること）には有効です。

　読み書きに困難がある場合、読み書きの練習だけでは、どの程度までできるようになればいいのかという基準を明確にすることができないことと、いつまで練習を続けなければいけないのかという見通しが持てないこととで、高い学習動機を維持することは難しいです。

　むしろ、学習を嫌うことにつながってしまい、文字の読み書きの困難に加えて、覚えたり考えたりすることを嫌がるようになった事例は数多くあります。もちろん、練習すれば文字の読み書きの正確さは改善しますが、大人になっても流暢さに困難が残るというこれまでの研究結果を考えると、文字の読み書き練習ばかりするのは、逆効果だといえます。

　大学入試などではいろいろな配慮が準備され、文字の読み書きに困難があっても不利にならないような体制がつくられはじめています。

　文字の読み書きは、あくまでも思考の道具でしかありません。文字を手で書いたりする代わりに、別の道具を使って考えると考えてください。

楽に勉強できるという経験は、学習意欲を増すことはあって
も、減らすことにはつながらないでしょう。

補助代替ツールは、
努力せずにラクを
することになるから、
読めるように
書けるように
とにかく訓練！

苦手な読み書きの
作業などは、
補助代替ツールを
うまく使って
いきましょう！

がんばってるんだけど…
読むのも書くのも
すごく時間がかかって
勉強についていくのが
大変…
ぼくはやっぱり
頭が悪いんだ…

いろんな機械が
ぼくを助けてくれるから、
問題を考えたり、
解いたりすることに
集中できるんだ！
楽しいよ！

読み書きの訓練に
時間がかかって、
学習の進度から
どんどん遅れて
しまっています…

学習に前向きに
なっているのが
とっても
いいですね！

通常学級でもできるサポート

　通常学級でもできる読みへのサポートとしては、どんなものがあるでしょうか。

　テストで問題文の読み上げ（代読）をすると、実力を発揮できる子どもがいます。

　授業では、口頭でのやりとりを中心にすると、読み書きに困難があっても、授業についていくことは可能になります。

　みんなの前で音読させる場合は、他の子どもが音読するのを聞く機会を十分保障し、その後に読ませるようにすると、他の子どもの音読を聞くことが補助になり、いやな思いをすることが少なくなる可能性があります。

　各自で文章を書く場合には、何を書くのかは、１対１の口頭でのやりとりで確認し、子ども自身が言ったキーワードを、ノートの隅などに代筆しておくと、その後の作文が楽になります。

　漢字の練習は最低限の回数にし、覚え方は、書き順を言語化したり、偏と旁の組み合わせにしたりといった覚え方を使ってもいいことにすると、楽になるでしょう。

　作文の宿題を出すときは、キーボードで入力してプリントアウトしたものでもよいとすると、作文が楽になるでしょう。

学校で使える支援制度

　2006年に学校教育法施行規則の改正があり、通級による指導の対象に学習障害が加わっているので、通級指導教室を活用することができます。

　知的障害等の特別支援学級の弾力的運用も使えます。これは、校内に特別支援学級がある場合、通級指導教室のように利用することです。具体的には、例えば週に1時間、特別支援学級に行って、その教室の担当者が、特殊音節の読み書きの学習を支援するというようなことです。

　また、特別支援教育支援員を、学習支援に活用することができます。

　文部科学省が出している『「特別支援教育支援員」を活用するために』には、「発達障害の児童生徒に対する学習支援」の具体例として、「読み取りに困難を示す児童生徒に対して黒板の読み上げを行う」「書くことに困難を示す児童生徒に対してテストの代筆などを行う」などと書かれています。
https://www.mext.go.jp/a_menu/shotou/tokubetu/material/002.pdf

読み書き障害のある子どもへの配慮を、クラスの他の子どもにどう説明するか

　まず何よりも、「多様性を認める学級経営をする」ことです。多様性が認められない学級では、他の子どもと異なる特性を説明しても、単なるレッテル貼りになるだけの可能性が高くなります。

　一人ひとり特性があり、その１つとして、すらすらと正確に読み書きするのが苦手という特性もあるのだという流れにそった説明にすることがポイントです。

　かつて著者は、書字困難のある小学４年生の子どものクラスで、その子が書字のためにパソコンを使う話をしたことがあります。そのクラスは多様性を認める教育がされており、著者が話し終わった後で、１人の子どもが、「パソコン使えていいなあ。僕も字を書くのが苦手だったらよかったのに」と言ったのが印象に残っています。このようなクラスだと、「書くことが苦手な人がいること」「でも、キーボードを使うと苦労しないこと」「それは目が悪い人がメガネをかけるのと同じである」という話を自然に受け入れてくれます。

　「できるだけ多くの人が利用可能なデザイン」＝ユニバーサルデザインの考え方で、筆記用具の選択肢としてキーボードを認めることも有効です。多くの子どもは練習しなくても自由に使いこなせるエンピツを使い、エンピツよりもキーボード入力のほうが楽で入力練習も十分してきた子どもはキーボードを使う。エンピツを使う子どもは、「あんな操作の難しいキーボードを使うんだ〜」と気にしなくなるでしょう。

ノートや連絡帳の記入はどうするか

　ノートや連絡帳を記入させる際、２つの方針を立てます。

　１つは、「できるだけ少なく書く」という方針で、もう１つは、「エンピツ以外の道具を使う」という方針です。

　最初の、「できるだけ少なく書く」という方針の具体的な方法としては、連絡帳は、頭文字だけ書く、例えば、「体育」なら「た」、「理科」なら「り」という方法です。

　また、板書は、先生からどうしても書き写さなければ部分を指定してもらい、そこだけ書き写すということも１つの方法です。

　もう１つの方針である「エンピツ以外のものを使う」という方法では、先生が板書に相当するプリントなどを用意する、録音する、写真に撮る、キーボードを使うなどが考えられます。特別支援教育支援員が入っている場合だと、支援員に代筆してもらうのも可能な方法です。

　使える場所、使える時間などを考え、２つの方針を組み合わせて対応するのが現実的な方法でしょう。

　なお、板書を写真に撮る場合には、シャッター音がしないアプリを使って、他の子どもの気が散らないようにする、撮った写真をプリントアウトしてファイルに綴り、他の子どものノートと同じであることがわかるようにする、写真データを教科ごとに整理するといったスキルも必要になります。

家庭でできる読み書きサポート

　家庭では、補助代替ツールを使うことを勧めます。楽に勉強できるという経験を、小学校の低学年から積んでおくことは、学習意欲を維持するのに役立ちます。

　具体的には、読み困難があれば、自分で文章を読む際に、家族などの読み上げを聞きながら文章を読むということをすると、楽に内容理解ができます。あるいは、ICレコーダーなどに録音してもらっておいて、それを聞くという方法もあります。録音だと、自分が好きなときに好きな場所で好きな回数聞けるという利点があります。

　書字困難がある場合は、パソコンやタブレットPC、スマートフォンを使った文字入力が有効です。キーボード入力やスクリーンキーボード入力などで作文を書くという方法ならば、楽に書くことができる子どもがいます。そのときに、アイデアをまとめるソフトを使ったり、付箋紙を使ったりして、書く内容を整理しておくと、内容を文字にすることだけに集中できるので、さらに楽に作文できます。どうしても手書きの形で提出しなければならな

いのならば、プリントアウトしたものを書き写すという作業をすれば済みます。書字困難が著しい場合は、家族による代筆も有効です。本人は考えることだけに集中できます。また、パソコンで音声入力、スマートフォンで音声入力も、日常生活上よく使う単語や文の内容だと、かなりの精度で変換します。著者は、この音声入力を使って、夏休みの一行日記を書いた事例を見ています。

子ども本人がパソコンなどで入力

家族による代筆も有効

　学習の目的は、文字の低次の読み書きではなく、高次の読み書きのはずです。文字の読み書きに困難があっても、高次の思考は可能ですし、覚える、考えるという習慣を維持し続けるためにも、家庭では補助代替ツールを使って、高次の思考を鍛えることに徹するのが有効です。

　入試などには、配慮事項が入ってきました。制度を上手に使えば、入試などにも対応できるようになりつつあります。そのような状況で大切なのは、学習意欲です。読み書きが困難でも学習しつづける意欲さえあれば、進学希望に応じて高等教育を受けることも不可能ではありません。

入試などの試験での配慮内容

大学入試での配慮

　2011年度の大学入試センター試験から、「発達障害者」への配慮事項が用意されました。2020年度から始まった大学入学共通テストでは、「発達障害者」を対象とした配慮事項として、試験時間の延長（1.3倍あるいは1.5倍）、拡大文字問題冊子（14ポイントあるいは22ポイント）、チェック解答（マークシートではなく、チェック解答用紙に、受験者が選択肢の数字などをチェックする解答方法）、別室受験などです。詳しくは、大学入試センターのウェブサイトから、「受験上の配慮案内」をご覧ください。

　「DO-IT Japan*2019年度報告書」の中には、「PCを用いたキーボード入力・解答」（国立大学・AO入試〈小論文〉 2011年）、「代読による問題読み上げ」（大学入試センター、私立大学・一般入試　2015年）、「PCを用いたキーボード入力・解答」（私立大学・推薦入試〈小論文〉2016年）という大学入試での配慮事例が載っています。

高校入試での配慮

　高校入試でも、別室受験、試験時間の延長、問題用紙の拡大、問題文の読み上げ（代読）、監督者による口述筆記、学力検査問題の漢字のルビ振り、面接の際、質問をわかりやすく伝え、解答をせかさないなど、実施されたことのあるさまざまな配慮事例が、

文部科学省のウェブサイト（http://www.mext.go.jp/b_menu/shingi/
chousa/shotou/054_2/shiryo/attach/1283071.htm）に載っています。

　「DO-IT Japan*2019年度報告書」の中には、「代読による問題文
の読み上げ」(公立高校・5教科　2011年)、「PCを用いたキーボード入力・
解答」(県立高校・5教科　2015年)、「PCの音声読み上げ機能を用いた問
題の読み上げ、PCを用いたキーボード入力・解答、計算機の持ち込
み・使用、代筆」(服飾系専門学校・2教科、小論文　2016年)、「レイアウ
トの変更、印刷用紙の色の変更、PCを使った英語の問題文の音声、
読み上げ」(公立工業高等学校　2017年) という配慮事例が載っています。

　都道府県によっては、公立高校の入試要項に具体的な配慮例と
して記載している場合があります。例えば、石川県と新潟県の令
和3年度公立高等学校入学者募集要項の中にはルビ振りと読み上
げが、島根県ではルビ振りが配慮事項として掲載されています。

＊DO-IT Japan：障害や病気のある若者の高等教育への進学とその後の就労への移
　行支援を通じた、リーダー育成プロジェクト。東京大学先端科学技術研究センター
　の共同主催、共催・協力企業との産学連携により、2007年から活動を続けている。

大学入学後の配慮

　大学入学後の配慮については、日本学生支援機構のウェブサイ
ト「障害学生支援に関する情報提供」に具体的な支援例が掲載さ
れています（https://www.jasso.go.jp/gakusei/tokubetsu_shien/shogai_
infomation/handbook/08/01-3.html）。

●発達障害　限局性学習症への合理的配慮の例

・授業における合理的配慮

　書籍の電子データ化、授業資料の電子データ提供、写真を

撮って文書を読み上げ可能な形式に変換するアプリの利用、録音許可（スマートペンの利用）、板書の写真撮影、講義資料の（事前）配付

・**試験における合理的配慮**

試験時間の延長、読み上げ実施、読み上げソフト・アプリの利用、漢字のルビ振り、パソコン（ワープロソフト）を使って解答、音声入力ソフト・アプリの利用、口述試験

一般社団法人 読み書き配慮（https://yomikaki.or.jp/）では、入試、学校のテスト、学校生活、それぞれの配慮事例のデータベースを作っています。有料会員に公開されています。

その他の試験での配慮

自動車免許試験では、原付免許、小型特殊免許、各種二輪免許、仮免許、普通免許、大型特殊免許の試験には、ふりがな付きの試験問題が選択できます（ただし、各種第二種免許の試験問題にはありません）。

配慮を受けたテストの評価は、テスト問題の内容・量や難易度などの変更がない場合は、配慮がない場合と同じ評価をしなければなりません。文部科学省が2015年に策定した「文部科学省所管事業分野における障害を理由とする差別の解消の推進に関する対応指針」（対応指針）には、不当な差別的取扱いに当たり得る具体例として、「試験等において合理的配慮の提供を受けたことを理由に、当該試験等の結果を学習評価の対象から除外したり、評価において差を付けたりすること」とあります。

入試での配慮申請の手順について

　大学入学共通テスト（毎年 1 月に実施）の「受験上の配慮申請」のスケジュールは、7 月中に「受験上の配慮案内」の公表があり、配慮申請は、「出願前申請」（8 月上旬から 9 月末）か「出願時申請」（9 月末から10月上旬）のいずれかで行うことになります。夏休みを過ぎるとすぐに申請手続きがあり、そのときには、配慮申請に必要な書類（配慮申請書、診断書、状況報告書）を揃えておく必要があるということです。また、「状況報告書」には、高校などでの配慮実績を書く必要がありますから、配慮実績を作ることは出願よりも前に必要になります。

　各大学の入学試験においての配慮申請は、受験をする大学に個別に申請することになります。大学のホームページに、配慮申請の具体的な手続きが載せてある大学もありますが、具体的な手続きの記載はないけれども、相談窓口の連絡先が載せてある大学もあります。各大学に対しても、夏期休業後には問い合わせをするとよいでしょう。

　高校入試においては、私立高校の場合は受験校に、公立高校の場合は在籍中学校を通じて受験校に配慮申請をする必要があります。

　北海道教育委員会が出している「道立高等学校を受検する生徒・保護者の皆さんへ　〜特別な配慮を必要とする障がい等のある生徒の出願について〜」というリーフレットの中に、つぎのような申請の流れが記載されています。

①生徒・保護者から中学校へ相談

②中学校から高等学校へ相談

③シミュレーション等の実施

④高等学校と道教委（高校教育課）との協議

⑤高等学校から中学校へ、中学校から保護者へ回答

　公立高校を受験（受検）する場合は、どの都道府県でも同じような流れになります。

　申請時期については、一般社団法人「読み書き配慮」のウェブサイトに掲載されている事例などを参考にすると、願書提出時の前に配慮申請をすることで、受験校・受検校や都道府県教育委員会などと「建設的対話」をする時間が確保できるようです。事例の中には、高校1年生のときから受験（受検）希望校に連絡をとっている場合もあります。

　私立中学の入試においても同様です。

　なお、配慮を申請した後は、合意形成を目指した「建設的対話」を行うことになります。申請イコール合理的配慮の提供ではないことに注意してください。（COLUMN 5 合理的配慮って、なに？161ページ参照）

進学や入試にあたって

　学校の普段の授業や試験で、読み上げ（代読）、代筆、キーボード入力、試験の時間延長など、何らかの配慮が行われたのでしたら、それを記録として残しておいてください。「個別の指導計画」や「個別の教育支援計画」が作成されている場合は、その中に記載しておくのがよいでしょう。

　大学入学共通テストの受験上の配慮申請には、「状況報告書」に高等学校などでの配慮実績を記述しなければいけません。入試などで配慮を利用するためには、実績があるほうが利用できる可能性が高くなります。

　大学入学共通テストの受験上の配慮では、高等学校などでの配慮実績を聞いています。高校の授業などで配慮がされる場合は、中学校ですでに配慮があれば、また中学校での配慮は小学校での配慮があれば、その配慮の実現には有利です。

　このように、配慮実績があることが求められていますので、普段の授業やテストでも支援を行い、それを配慮実績として記録に残していくことが、読み書き障害のある子どもたちが社会に出て行くことを後押しすることになると思います。

英語学習を支援する方法

　英語の学習に関しても、日本語の読み書きの困難の場合と同じように、評価できるようにする支援、補助代替支援があります。

1　評価

　英語でも、まず読み書きの評価が必要です。「中学生の英単語の読み書きの理解」（URAWSS-English）が、2022年3月31日現在、日本で唯一英語の読み書き評価ができるツールです。URAWSS-Englishは、英単語の読み書きの正確さと、音声読み上げとカタカナ解答の有効性を評価できます。対象は、中学1年生から中学3年生までです。標準的な実施時間は、約20分です。

　英単語を正確に書くテストの成績は正規分布をしていないため、カットオフ値は標準偏差ではなくパーセンタイル値（最小値から数えて何パーセントの位置にいるかを示す値）で示しています。

　「英単語を書くことに困難があり、日本語の読み書きの困難さについて精査が必要である」（グループC）と判定されるのは10パーセンタイル値、「やや正確に書くことができない状態なので、日本語の読み書きの程度を確認する必要がある」（グループB）は25パーセンタイル値です。

　英単語を日本語に変換する単語テスト（E→J課題）で、独力で解答した場合（E→J課題①）よりも、単語の読み上げを聞いてから解答した場合（E→J課題②）の正答数が多い場合は、英単語の文字

3

読み書き障害へのサポート方法

を音に変換することに困難があることがわかります。この場合は、読み上げ（代読）支援が有効な可能性があります。

　日本語を英語に変換する単語テスト（J→E課題）で、日本語単語をアルファベットで解答する場合（J→E課題①）の正答数よりも、日本語単語をカタカナ表記で解答する場合（J→E課題②）の正答数が多ければ、アルファベット文字には変換できないけれども、音としては英単語を知っていることになります。この場合は、カナ表記やICTを使った英語での音声入力が有効である可能性が考えられます。

2　できるようにする支援

　シンセティック・フォニックスによる支援があります。

　フォニックスとは、英語の発音と文字（綴り）の関係性・規則性を学ぶ音声学習法のことです。

　フォニックスには、アナリティック・フォニックスとシンセティック・フォニックスがあります。

❶アナリティック・フォニックス

　アナリティック・フォニックスは、単語を最初の文字と、それに続く母音に分割して教えていく方法です。例えば、「m」の場合、man、milk、mother ......と並べて見せて、「m」の文字は「ム」という音だと認識させます。

　つぎに、単語の最後に来る文字と音の関係、そして真ん中の文字と音の関係というように指導をしていきます。例えば、cat、sat、

matのように共通の音がある単語を並べて見せて、「atは、アト
と読む」というルールを認識させます。

　単語を自分で読み書きできるようにしていく方法になります。

❷シンセティック・フォニックス

　シンセティック・フォニックスは、「ABC…」のアルファベット順
ではなく、英語の中で使われる頻度の高い文字から、例えば「SAT
…」という順に学習します。1つひとつの音を学んだら、習った順
に組み合わせて単語として読んでいくという指導法です。

　例えば、streetの場合。

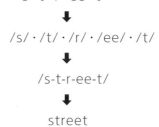

　ローナ・S・ジョンストンとジョイス・ワトソン（2005）は、
スコットランドで300名の小学1年生を対象にして、シンセ
ティック・フォニックス、アナリティック・フォニックス、アナ
リティック・フォニックスと音韻意識指導という3つの指導方法
の効果を測定しています。その結果、シンセティック・フォニッ
クスによる指導が最も効果的だったことを報告しています。

　シンセティック・フォニックスの中の1つである「ジョリー・
フォニックス」による指導書が、日本でも発売されています（巻
末資料「ブックガイド」参照）。

英単語の綴りが覚えられなくても、リスニングは問題なくできることが多いので、リスニングの学習に力を入れることは、英語の試験対策としては有効です。

　大学入学共通テストでは、英語のリスニングの配点比率が大きくなり、リーディング100点、リスニング100点と英語の得点の50％になりました（ただし、得点比率は各大学によって変更されます。旺文社教育情報センターによると、2021年度入試では、リスニングの得点割合が50％だったのは約3割の大学です）。大学入試センター試験のときは、筆記200点、リスニング50点だったので、筆記試験で得点できないと、英語の試験全体の得点が低くなっていましたが、大学入学共通テストでは、リスニングで半分の得点をとることも可能となっています。

3　補助代替支援

(1) 読むことへの支援
❶ OCR
　日本語と同様に、写真に撮ることでデジタルテキスト化してくれるアプリが使えます。

❷ 音声読み上げ
　人工合成音声による音声読み上げ（代読）は、日本語の場合、漢字を読み間違えることがあります。しかし、英語の音声読み上げは、ほぼ100％正確に英文を音声化します。音声も、男性の声か女性の声かの選択、イギリス英語かアメリカ英語かなどの選択も可能です。

(2) 書くことへの支援

❶単語予測機能付きキーボードアプリ

　キーボードアプリのGboard（Google LLC　iOS用、Android用　無料）やMicrosoft SwiftKey Keyboard（SwiftKey　iOS用、Android用　無料）は、文脈から文法的に正しい候補単語が予測されて出てきます。例えば「They」と入力すると、候補には「are」「have」「were」などが最初に出てきます。もし「w」を入力すると、「were」「will」が候補になり、「will」を選択すると、「be」「have」「not」が候補として並ぶというように、次々と文法的に正しい選択肢が示されます。

　このような単語予測機能を使うと、入力のときにスペルミスをする可能性が高い読み書きに困難がある人は、スペルのチェックにエネルギーを費やすことなく、文章内容を考えることにエネルギーを使えるという利点があります。また、文法の学習にもなります。

❷ワープロ

　英語キーボードで入力していくと、日本語キーボードで日本語を入力しているときと同じように、候補単語が表示されます。

　英語圏の有名なワープロソフトに、Co:Writer（Don Johnston社）があります。これは単語予測機能をそなえたワープロで、iOS用、Windows用、Google社のインターネットブラウザであるChrome用があります。

　このような単語予測を備えたワープロを使うと、文法的にも正しい単語の綴りを正確に書くことができます。

❸音声入力

　英語でも、音声入力は有効です。しかし、英語で音声入力するときに気をつけることが２点あります。

　１つは、入力時のキーボードの設定を英語に変更しておくことです。キーボードを日本語の設定のままにしておくと、日本語変換されてしまいます。

　もう１つは、英語圏での発音に近い発音で音声入力することです。英語圏のネイティブのような発音ではなく、ジャパニーズ・イングリッシュ（日本語訛りの英語）の発音で入力すると、入力したい英語とは違う綴りに変換されてしまいます（年々変換精度が上がっているので、いわゆるジャパニーズ・イングリッシュでも、正確に変換されるようになってきています）。

❹カタカナ表記

　ここで「カタカナ表記」と表現しているのは、英語のネイティブの発音に近い表記にしたもののことです。「チョコレート」を例にとると、「チョックリット」と表記することです。

　この実際の発音に近いカタカナ表記を強く推奨している本に、『怖いくらい通じるカタカナ英語の法則』（池谷裕二　2008　講談社）があります。この本の中に「ハゼゴン」という例が出てきます。タブレットPCやスマートフォンの音声入力で「ハゼゴン」と言ってみると、"How's it going"と文字変換されます。

　つまり、英語として正しい発音であると音声入力で正確に解釈されるということです。英語の発音に近いカタカナ表記は、古くはジョン万次郎の『英米対話捷径』（1859年、日本で初めて作られた

本格的な英会話入門書）にも、water＝ワラ、red＝ウレという例が
あります。脳科学者の池谷裕二氏は、ネイティブの発音に近いカ
タカナ表記英語のほうが、スペル（綴り）をローマ字読みで発音
した英語よりも通じるという趣旨のことを、先の著書に書いてい
ます。

　だとすると、英語のネイティブの発音に近いカタカナ表記を書
くことは、日常生活に使える英語の学習という点で有効ではない
でしょうか。

　英語学習において英単語のスペルの正確さは確かに重要です
が、読み書き障害のある人には、「カタカナ表記英語」のような
方法も含めて、習得しやすい使える英語の学習に力点を置くのが
望ましいでしょう。

　日本語の漢字でも、読めるけれども書けないという状態は、読
み書き障害がない人でも日常的に起こることです。しかし、ワー
プロなどで変換して正しい漢字が選択できれば、日常生活に支障
はありません。英語も同様で、ワープロを使うと文法チェックと
スペルチェックがありますから、文法的に正しく綴りも正しい単
語を選択肢の中から選ぶことができれば、正しい英文を書くこと
は可能です。

　音を文字に変換するエンコーディングに困難がある読み書き障
害の人に、正確なスペルを要求することは、上肢に運動障害が
あって微細運動が難しい人に、極小の物を対象に精密な手作業を
要求していることに似ており、理不尽に過重な負荷をかけている
こととイコールだと、著者は考えています。

> ハゼゴン
> How's it going?

読み書きの支援の流れは、こんなふう!

❶学級担任や保護者からの相談

↓

❷知的能力と読み書きの能力の差を確認する

WISCやSTRAWなどの検査を実施。

↓

❸読み書きが困難になっている原因をさぐる

視覚認知記憶検査や音韻操作課題などを実施し、読み書きの困難が、音韻、視覚のどの部分に起因しているかを調べる。

↓

❹本人の読み書きの速度や間違えやすいパターンなどを調べる

聴覚記憶や語彙力など、本人の得意なところも見つけておくことも重要。

↓

❺具体的な支援・指導のプランをたてる

読み、書き、それぞれどのように本人が取り組んでいくか、学校での支援内容、保護者が行う家庭での支援内容を考える。

↓

❻支援の開始

保護者や学校の先生などと支援や指導方法について情報を共有し、実際に支援をはじめる。

↓

❼支援を進めながら、定期的にその効果を検証し、支援方法に改善点があれば改善していく

CHAPTER 4

相談を受けてから
支援までの具体的な事例

1 小学1年生の事例

　小学校の担任の先生からの相談でした。

　相談内容のポイントは、以下の2つでした。

・ひらがなをなかなか覚えることができない

・授業中に立ち歩きがあり、落ち着いて学習できない

　保護者も気になっているとのことだったので、一連の読み書き障害を評価する検査を、保護者の同意を得て実施しました。

1 知的能力と読み書き能力の差の確認

　知能検査（WISC-Ⅲ）、ひらがな・カタカナの単文字と単語及び漢字単語の読み書き検査（小学生の読み書きスクリーニング検査STRAW）を実施しました。その結果、WISC-Ⅲでは、知的な遅れは認められず、文字の読み書き検査では、読みには困難はありませんでしたが、ひらがな単文字とひらがな単語の書字成績が、学年平均よりも2標準偏差以下の成績でした。なお、STRAWでは、1年生にはカタカナと漢字の読み書きの課題はありません。

2 読み書き困難の原因

　視覚認知記憶検査（レイ複雑図形検査ROCFT）では、「視写」「直後再生」「遅延再生」「部分の再認」とも、おおよそ年齢平均の力がありました。一方、音韻削除課題、逆唱課題とも誤りが多

く、学年平均よりも1.5標準偏差以下の正答数でした。また正答であっても、反応時間が大幅に遅い状況でした。音韻操作の困難からの読み書き困難であろうと考えました。

3 読み書きの特徴

読み速度は、182.3字／分で学年平均（243.4字／分±77.3）以下ではありましたが、大幅な遅さではありませんでした（平均よりも大幅に遅いとされる1.5標準偏差以上の遅さは、127.5字／分）。

視写書字速度も、7.6字／分で学年平均（10.3字／分±2.8）以下ではありましたが、こちらも大幅な遅れではありませんでした。

聴写課題では、「きゃべつ」を「きべつ」、「ひとりぼっち」を「ひとりほち」、「わたしはかおをあらう」は「わたしわかおおあらう」、「こうえんへぼくはいく」は「こうえんえほくわいく」と、特殊音節と助詞の表記の誤りがありました。

また、文字の想起に時間がかかり、スムーズな書字ではありませんでした。

4 支援の方針

支援の方針として、2つの方針を立てました。1つは、まだ小学校1年生ですので、ひらがなの読み書き、特に特殊音節の読み書きを確実にすることです。もう1つは、学習意欲を維持するために楽に学習できることを知ることです。

ひらがなの特殊音節の表記の練習は、視覚化と動作化で学習する

『多層指導モデルMIM　読みのアセスメント・指導パッケージ』
(学研教育みらい) のプリントを使いました。学校では昼休みの10分間、家庭では学校が用意したプリントを宿題とすることにしました。

　もう１つの支援方針である、楽に学習できる方法としては、次のようなことを行いました。

・学校では、教科書は最初に先生が読み方の手本として読んで聞かせる

・試験の問題を先生が読み上げる

・50音表を教室の黒板の横に貼って、いつでも参考にできるようにする

・作文は、先生あるいは支援員がキーワードをノートの隅に代筆する

・漢字は書き順を言語化して覚える方法を試す

　その結果、ひらがなの表記が正確になり、文字の想起も速くなりました。授業中も、内容が理解できるためか、落ち着いて過ごせる時間が長くなってきました。

＊検査名は実施当時の名称です。

2 小学3年生の事例

　保護者からの相談事例です。

　相談内容のポイントは、以下の4つでした。

・3年生になっても教科書がすらすら読めない

・国語の時間に、体調不良を訴えて保健室に行くことが多くなった

・カタカナは現在もきちんと覚えていない

・漢字がなかなか覚えられない

「ひらがなは、1年生の夏が過ぎてやっと覚えることができた」

というエピソードも聞くことができました。

1　知的能力と読み書き能力の差の確認

　知能検査（WISC-Ⅲ）、ひらがな・カタカナの単文字と単語及び漢字単語の読み書き検査（小学生の読み書きスクリーニング検査STRAW）を実施しました。

　その結果、WISC-Ⅲでは、知的な遅れは認められず、文字の読み書き検査では、カタカナ単文字・単語と漢字単語の書字成績が、学年平均よりも1.5標準偏差以下の成績でした。

2　読み書き困難の原因

　視覚認知記憶検査（レイ複雑図形検査ROCFT）では、課題の図を見ながら写す「視写」は問題がありませんでした。

しかし、「視写」後に、課題図を片付けて記憶だけを頼りに描く「直後再生」では36点満点中３点と、生活年齢の平均よりも約２標準偏差以下の成績で、視覚記憶の困難が認められました。

　また、音韻操作課題の逆唱課題は、学年平均よりも約３標準偏差以下の成績で、音韻操作の困難が認められました。視覚と音韻の両方の困難があったので、読み書き困難の原因は、視覚と音韻操作の両方の問題が原因であると考えられました。

3　読み書きの特徴

　読み速度は、149.8字／分で、学年平均の282.0字／分±72.4と比較して、1.5標準偏差以下の速度でした。しかし内容理解は、質問６問中５問正解と、８割以上の正答率だったので、内容は理解できているといえました。

　視写書字速度には、目立った遅さは認められませんでした。

　聴写課題では、「わたしはかををあらう」「こうえんえぼくわいく」と、「お」と「を」、「え」と「へ」、「わ」と「は」の混乱がありました。

4　認知上の強みの確認

　聴覚的記憶力の検査（レイ聴覚性言語学習検査RAVLT）は、妨害刺激があった後も、15語中12語の再生ができ、言語記憶は優れていました。

5 支援の方針

　読み書き技能の改善ばかりを目標にするのではなく、学習の本来の目的である、覚えること、考えること、表現することが楽にできるようにするために、読み書きの困難を補う支援ツールの適用を考えました。

　読みの困難に関しては、聴覚的な記憶力が良いので、読み上げ補助を使うことにしました。その効果を確認するために、難易度がそろえてある2つの単文理解問題を使って、1つは独力で解答し、もう1つは読み上げで解答してもらいました。その結果は、独力で解答した場合は、制限時間8分すべて使って（51点満点中）32点でしたが、読み上げで実施した場合は、4分55秒で最後まで解答し、成績も（51点満点中）45点でした。この問題は、3年生3学期の平均が45.1点ですので、読み上げがあると学年平均得点をとることができることが確認できました。

　小学校3年生ということもあり、家庭での学習は、母親の読み上げで学習に取り組むことにしました。書字は、キーボード入力を勧めました。

　通常は、文字を書く際、音を文字に変換することが自動化されていきます。この子の場合、音を文字に変換することが自動化しないために、文字を想起するのに時間がかかってしまっているので、キーボード入力によって、音と指使いの運動の自動化（手続き記憶＝運動記憶）に代えてしまおうという方針を立てました。家庭でのキーボード入力の練習をお願いしました。

6 支援の評価

　母親からの報告では、「読み上げると、本人がいやがらずに宿題に取り組むことができている」とのこと。タッチタイピングを目指したキーボード入力の練習は継続して行っており、入力速度は上がり、３年生が鉛筆で書き写す速度である21.1字／分に近い18.3字／分まで来ています。学校での支援は進んでいませんが、家庭では楽に勉強できるという経験をしていることが、学習意欲を維持できている大きな支えになっていると考えています。

＊検査名は実施当時の名称です。

3 小学6年生の事例

教育相談へ訪れた大きな理由は、登校渋りでした。

登校しても教室には入れず、相談室で相談担当の先生と一緒にカードゲームをし、給食は食べずに午前中で帰宅するということでした。

保護者からの聞き取りの中で、「書字を嫌う」というエピソードが出てきたので、読み書きの困難が教室の授業拒否につながっている可能性を考え、一連の読み書き障害を評価する検査を、保護者の同意を得て実施しました。

1 知的能力と読み書き能力の差の確認

知的な問題と読みには問題がありませんでしたが、書字、特に漢字の書字は、小学生の読み書きスクリーニング検査STRAWで、6年生用課題の漢字20字すべて書けないというほどの困難が認められました。

2 読み書き困難の原因

音韻操作には困難が認められませんでした。しかし、視覚認知記憶検査で、「視写」「直後再生」「遅延再生」すべて年齢平均以下の成績で、視覚認知記憶に困難が認められました。一連の検査結果から、視覚認知記憶困難が原因の書字障害であると考えました。

3　読み書きの特徴

　読み速度は、551.0字／分で、学年平均以上の速度であり、内容理解にも問題はありませんでした。視写書字速度は、27.0字／分で、学年平均以下ではありましたが、大幅に遅いというレベルではありませんでした。

4　支援の方針

❶書字の補助代替ツールでキーボード入力

　すでに６年生であったので、書字の改善を目指す支援ではなく、書字の補助代替ツールとしてキーボード入力を使う支援を勧めました。その際、携帯型ワープロ専用機（以下、携帯ワープロ）＊を紹介したところ、本人が強い興味を示しました。保護者が早速購入したので、キーボード入力はタッチタイピングにしなければ効果が少ないことを伝え、練習を家庭で始めてもらいました。

＊2019年12月に文部科学省からGIGAスクール構想が発表されてからは、タブレット端末が児童１人に１台配布は当たり前となったが、それ以前は、教室内に児童がインターネットに接続できるICT機器を持ち込むことが授業やクラス経営を乱すと学校側から見られ、持ち込みが禁止される傾向があった。そのため、補助代替ツールとして、ネットへの接続機能がないワープロ単機能の機器が持ち込みの許諾を得やすい機器となっていた。

　６年生は１分間に約30字書くことができる書字速度であることを伝え、同学年の手書き速度を、キーボード入力速度の目標としました。練習は、ニンテンドーDS用の「バトル＆ゲット！　ポケモンタイピングDS」（任天堂）というタイピング練習ソフトを使って行いました。

１カ月に１回、著者が当時勤務していた学校に来校相談に来て
もらい、キーボード入力速度の測定をして、どの程度まで速く入
力できるようになっているかフィードバックすると同時に、効率
的な入力テクニックと入力ミスの修正方法を教えました。

❷携帯ワープロで学習への抵抗感が軽減

　携帯ワープロを使うようになって、学習への抵抗感が軽減した
と保護者から聞きました。家庭での宿題は携帯ワープロで解答
し、その解答をプリントアウトして提出することを学校に認めて
もらいました。「学校でも携帯ワープロを使いたい」と本人が言
い出したので、学校に相談すると、携帯ワープロにはゲームも
入っていないし、通信機能もないので、相談室での使用ならいい
だろうと許可が出ました。

❸通常学級の授業での使用にあたって

　まもなく、通常学級の授業にも出席できる教科が出てきまし
た。そのときには、教室でも携帯ワープロを使用するようになりま
した。担任の先生は、同級生には特に説明はしなかったそうです。

　同級生は、最初は興味を示して触っていたそうですが、文字し
か入力できないし、自分たちはエンピツで書くほうが楽なの
で、そのうちだれも携帯ワープロを気にしなくなったそうです。

　ただ、教室で国語の漢字プリントをしているときに、他の児童
から「ずるい」という声が出たことがあるそうです。このときは
担任の先生が、「答えの漢字が１つだけ出てくるわけではなく、
いくつかの漢字から正解を選ばなければいけないから、みんなが

漢字プリントをするのと同じ」と答えたそうです。

　厳密にいうと、記憶の「再生」と「再認」の違いがあるのですが、他の児童は納得したそうです。

　夏期休業中の宿題も携帯ワープロを使ってすませました。教室でのテストも携帯ワープロで解答するようになっていましたが、全国的なテストで携帯ワープロが使えなかったことがあってから、教室ではエンピツで筆記解答するようになっています。

❹書字の補助代替ツールの有効性を学校と家庭で共有

　この事例では、まず家庭で補助代替ツールである携帯ワープロを自由に使えるようにしました。そのうえで、宿題でその有効性を学校に示し、相談室、教室というように次第に使用場面が広がっていきました。

　その過程では、当初の相談で非常に困っていることとしてあがっていた「登校渋り」が、携帯ワープロを使うことによって改善していったことが、学校に補助代替ツールによる支援法が効果的であると認識してもらううえで、有効だったと考えられます。

　補助代替ツールの練習は家庭で行ってもらいましたが、定期的にその進度を著者が確認し、技術的なアドバイスを行ったことは、保護者の安心感を引き出すうえで有効であったと思われます。

4 中学1年生の事例

　小学校6年生の3学期に、学校から相談があっての事例です。

　相談に訪れた大きな理由は、「漢字が覚えられない」でした。保護者も気にしていたので、保護者からの相談も同時並行で進めました。

1　知的能力と読み書き能力の差の確認

　知能検査（WISC-Ⅲ）、ひらがな・カタカナの単文字と単語及び漢字単語の読み書き検査（小学生の読み書きスクリーニング検査STRAW）を実施しました。

　その結果、WISC-Ⅲでは、知的な遅れは認められず、文字の読み書き検査では、カタカナ単文字・単語と漢字単語の書字成績が、学年平均よりも1.5標準偏差以下の成績でした。

2　読み書き困難の原因

　視覚認知記憶検査（レイ複雑図形検査ROCFT）では、課題の図を見ながら写す「視写」「直後再生」「遅延再生」「部分の再認」とも、学年平均の力でした。

　音韻操作課題の逆唱課題では、正答数は学年平均でしたが、指を使って取り組み苦労していたこと、時間が大幅にかかったことから、読み書きの困難の原因は、音韻操作の問題が考えられました。

3 読み書きの特徴

読み速度は、230.8字／分（小学校6年生の平均425.2字／分±108.2）と、学年平均よりも2標準偏差以下で大幅に遅い結果が出ました。しかし、内容理解はできていました。

書字では、視写速度は、29.0字／分（小学6年生平均35.2字／分±8.1）とおおよそ学年平均でした。

聴写課題では、「けが」を「けら」、「キャベツ」を「キベベツ」、「ひとりぼっち」を「しとりぼっち」と一度書いて自分で修正をしました。また、「さんかくじょうぎ」を「さんかくじょうじ」と書く誤りがありました。

4 認知上の強みの確認

聴覚的記憶力の検査（レイ聴覚性言語学習検査RAVLT）は、妨害刺激があった後も、15語中13語の再生ができ、言語記憶は優れていました。語彙力検査（抽象語理解力検査）では、年齢平均以上の成績でした。

5 支援の方針

書字の困難に対してはキーボード入力が有効であるので、キーボードを使える環境では使うことを勧めました。

同時に、中学校では英語学習につまずく可能性が十分に考えられたので、小学校6年生のときに、進学する中学校の先生に、書

字に困難があること、中学校では英語に苦労する可能性があることを、小学校の先生と一緒に伝えました。

　保護者からは、診断について相談があったので、診断があったほうが支援を受けやすいことを話すと、小学校卒業後の春休みに、医療機関で広汎性発達障害と書字障害であるとの診断を受けました。中学校に入学してからは、可能な限り、文字を手で書く機会を免除してもらい（終礼時の「振り返りノート」など）、負担を減らしてもらいました。家庭での宿題は、キーボード入力でもよいことにしてもらいました。

　しかし、英語では予想通り苦労しています。英語の支援方法についての研究が進んでいないため、十分な支援はできていません。ただ、リスニングはできるので「リスニングはがんばる」ということを本人に確認しました。家庭では、英単語や英文にふりがなをふってもらい、少しでも聴覚的に覚える方法をとっています。

5 中学3年生の事例（高校入試での配慮）

　中学校の特別支援教育コーディネーターと特別支援学校の教育相談担当者（巡回相談員）からの相談でした。

　高校入試で配慮を受けるための助言を、著者は行いました。

1　読み書きの特徴

　小学6年生のときに医療機関で実施されたWISC－Ⅳ知能検査結果は、知的発達水準は平均の下〜平均の域にあり、特別支援学校巡回相談員が実施した小学生の読み書きの理解（URAWSS）の結果は、読み速度が、252.9字／分と、小学6年生平均（445.5±131.3字）と比較すると、1.5標準偏差以下の成績でした。

2　中学校での支援

　この生徒は、小学校6年生のときにはテストの読み上げ（代読）の配慮を学級担任より受けていました。しかし中学校入学後は、「特別な配慮を受けずに、自分の力でどこまでできるか試してみたい」と言って配慮を希望しなかったそうです。中学校1年生のときは、配慮を受けずにテストに取り組んでいましたが、制限時間内にテスト問題の最後までたどりつくことができない状況が続いたことから、「2年生より読み上げを希望したい」と本人から担任に相談がありました。

この本人からの申請に対して、中学校の依頼で、特別支援学校巡回相談員が、合理的配慮を提供するための根拠として、読みの実態と代読の効果を測定しました。

標準読み書きスクリーニング検査（STRAW−R）では、音読文章課題は、80.3秒（中学1年生平均に対して3.7標準偏差以上遅い）、音読漢字課題は、126問中96問正答（中学1年生平均に対して4.6標準偏差以下の成績）でした。

難易度が揃った問題が2セットある標準読書力診断テスト（金子書房）を実施したところ、読み上げ（代読）なしで取り組んだ問題セット（AⅠ）では、所要時間4分15秒で（51点満点中）38点、読み上げ（代読）ありで取り組んだ問題セット（AⅡ）では、所要時間3分35秒で（51点満点中）45点でした。所要時間が短くなり、得点も上昇しているので、読み上げ（代読）の効果が認められました。

これらの検査結果を聞いて、中学校では国語のテストの読み上げ（代読）を実施することになりました。

テストのときの読み上げ（代読）は別室で行い、2年生のときは特別支援教育コーディネーターが読み上げ（代読）を担当しました。

読み上げ（代読）を行う際の手続きは、

①読み上げが必要な場合、静かに挙手する

②生徒が読み上げてもらいたい箇所をまず指で示し、必要な箇所から終了の箇所まで指し示す

③代読者が指し示された箇所を読み上げる

という方法だったと聞きました。

しかし、2年生のときはテストの点数は伸びませんでした。問題用紙の拡大を併用したこともあったようですが、「文字が大き過ぎ

て、読み上げ箇所を目で追えない」と本人が言うので、問題用紙の拡大は結局中止しました。

つぎに、読み上げてもらっている箇所に、自分で定規を当てる方法を試したこともありましたが、定規を当てることに苦労していたので、この方法も結局中止になりました。

後に、代読者がペン先で読んでいる箇所をポインティングしながら読み上げたところ、テストの点数に代読の効果が反映されるようになったので、この方法を採用しました。

この頃に著者が、読み上げ（代読）効果の根拠を示すデータとして、テストの平均点との差を記録することをアドバイスしました。さらに、医療機関では視機能検査を実施して、ポインティングの必要性を評価してもらいました。

3年生のときには、特別支援教育コーディネーター以外にも3年生を担当する教師も読み上げ（代読）支援を担当し、3学期には、5教科すべてで読み上げ（代読）が実施されました。

3 高校入試

保護者の記載による配慮申請書に、定期試験における通常条件・代読条件での得点と平均点の差、医師の診断書、読み書きに関する諸検査結果、視機能に関する諸検査結果を添付して、中学校校長、市教育委員会・県教育委員会を通じて受験高校に提出されました。

高校入試では、5教科すべてで読み上げ（代読）が認められ、中学校での試験のときと同じ手続きで実施され、その結果、志望校に合格しました。

6 高校2年生の事例

教育相談に訪れた大きな理由は、無気力でした。

どの授業も机につっぷして寝ていて、提出物も一切出さないので、単位を出すことができない状態でした。

本人から聞き取りをしていると、読むのが苦手で、漢字が覚えられないと話したので、読み書きの困難がある可能性を考え、保護者の同意を得て、一連の読み書き障害を評価する検査を実施しました。

1 知的能力と読み書き能力の差の確認

知能検査は、WAIS-Ⅲ（ウェイス）を実施しました。

読み書き検査については、高校生を評価できる検査は日本にはないので（当時）、小学6年生の読み書き課題を、本人の同意を得て実施しました。

結果は、WAIS-Ⅲからは知的な遅れは認められませんでしたが、読み書き検査では、小学6年生の標準値と比較しても大幅な困難が認められました。

結果を本人に知らせるときに、読み書き障害であることを公表していた、アメリカの俳優トム・クルーズの名前を出しました。本人は、トム・クルーズが読み書きに困難があることは知りませんでしたが、映画の台本を耳から聞いて覚えることを話すと、興味深そうに聞いていました。本人に、「きみは、この高校

のトム・クルーズだ」と言うと、表情がやわらぎました。

2　読み書き困難の原因

　　視覚認知記憶検査（レイ複雑図形検査ROCFT）では、「視写」「直後再生」「遅延再生」「部分の再認」とも、おおよそ年齢平均の力がありました。

　　一方、逆唱課題では、小学6年生の標準値と比較しても大幅に誤りが多く、また、反応時間も、小学6年生の標準値よりも1.5標準偏差以上かかっていました。音韻操作の困難からの読み書き障害であろうと考えました。

3　読み書きの特徴

　　読み速度は、157.1字／分で、小学6年生平均（425.2字／分±108.2）と比較しても大幅な遅さでした（2標準偏差以上の遅さ）。

　　しかし、内容理解の問題はすべて正解で、内容理解には問題はありませんでした。視写書字速度は、32.0字／分で、小学6年生の平均（35.2字／分±8.1）よりも遅い速度でした。聴写課題では、「わたし」を「はたし」と書く誤りがありました。

4　支援の方針

　　支援は、高校生ですから、読み書きの改善を目標にするよりは、読み書きの困難を何らかの補助代替ツールを使って、「楽に

勉強できる」ようにすることを目標にしました。

❶携帯端末を補助代替ツールに

　具体的には、携帯端末を使うことを提案しました。

　漢字プリントは、携帯端末のメール機能を使い、文字変換して解答することにしました。

　作文は、iPhoneの無料アプリのDragon Dictation（Nuance Communications）（2022年3月31日現在配信停止）を使用して音声入力で書くことにしました。読みの困難に対しては、教科書を家族に読んでもらうか、iPhoneの標準アプリであるボイスメモに録音してもらうかして、それを聞きながら勉強する方法をすすめました。

❷補助代替ツールによる支援方法のデモを教員らに見てもらう

　これらの支援方法について、担任の先生、特別支援教育コーディネーターの先生、保護者に同席してもらって、そのデモを見てもらいました。

❸担任、コーディネーター、保護者それぞれが有効な支援を行う

　担任は、支援ツールの使用効果をすぐに理解し、夏期休業中の作文をDragon Dictationで書くように本人に指示しました。

　国語の授業を担当しているコーディネーターは、教育相談室で教科書の音読をしてくれました。

　保護者は、定期試験の勉強の際に、家庭で教科書などを読んでくれました。その後の定期試験では、これまではすべての教科で

追試を受ける状態だったのが、他の生徒よりも成績の良かった教科も出てきました。

　なお、携帯端末の使用については、学校では教育相談室に限定して使いました。

　この事例では、支援ツールを身近な携帯端末にしたことが、補助代替ツールを利用した学習をしやすくしたと考えられます。また、その有効性を、保護者だけではなく、教員に直接見てもらったことも、学校で使うためには効果があったと考えます。

7　英語での事例①（中学2年生）

　小学生2年生から読み書きの困難について相談を受けていた子どもの事例です。中学生になってからは、特に英単語の綴りを覚えられないことに困っていました。

1　読み書きの特徴

　小学校2年生での検査では，カタカナと漢字の書字の正確さに困難が認められました。5年生で再検査を実施すると、漢字の書字の正確さのみに困難が残っていました。

　中学2年生での検査結果は、以下の通りです。

　標準読み書きスクリーニング検査 (STRAW-R) の漢字の読み課題では、漢字126文字中117文字読めました。中学2年生の平均（120.0±4.3文字）と比較すると、1標準偏差以内で問題はありません。漢字単語の読み課題も10問中8問正解で、中学2年生の平均（7.08±2.08問）以上の成績です。しかし、漢字単語の書き課題では、正解が10問中1問だけで、中学2年生の平均（7.24±2.68問）と比較すると2.3標準偏差以下と大幅な困難が認められました。

　一方、読み速度は、文章課題を44秒で読み終え、中学2年生の平均（45.33±7.46秒）と同じレベルでした。書き速度は、小中学生の読み書きの理解（URAWSSⅡ）で調べたところ33.0字／分で、中学2年生の平均（39.8±11.4字）と同じレベルでした。

　英語のほうは、中学生の英単語の読み書きの理解（URAWSS-

English）を実施しました。

　英単語の意味を書く課題は、20問全問正解でした（中学2年生平均16.88±4.59）。一方、日本語をアルファベットで綴る課題は、20問中5問の正解で、25パーセントタイル値に該当する成績でした。しかし、カナ表記での解答は、20問全問正解となり、音としては覚えていることがわかりました。

写真① J→E課題（英語スペル表記）

写真② J→E課題（カナ表記）

2　支援の方針

　学校には「カナ表記での解答」という配慮申請をしました。本人が特別な配慮を受けていることを他の生徒に知られたくないと話したので、隣りの席の生徒との相互採点になる英単語テストでは実施せず、教師による採点となる英単語テストや定期試験でのみ実施しました。カナ表記での採点は、英単語テストだけではなく、英作文でも実施しています。その結果、英作文では、これまでは単語の綴りの間違いから得点が低かったのですが、カナ表記での解答では、高得点が取れるようになったと聞いています。

英語での事例②（成人）

　50代男性です。仕事で海外赴任することになり、ＴＯＥＩＣ（国際
コミュニケーション英語能力テスト）での一定点数（650点）が必要に
なりました。しかしその一定点数に達しないで困っていたという
事例です。

　英語の学習が思うように進まないことの原因をインターネット
で調べていて、「読み書き障害」という障害を知ったそうです。イン
ターネット上の読み書き障害の症状と、小学生のときに漢字学習
に苦労したこと、中学と高校では英語学習に苦労したことという
エピソードがぴったりと当てはまることに気づいたそうです。そ
こで、「読み書き検査を実施したい」と、著者に相談がありました。

1　読み書きの特徴

　日本語と英語の読み書きについて調べました。

　日本語の書字速度は40.0字／分で、成人の平均（50.45字／分±
10.35）と比較して大幅に遅くはありません。しかし読み速度
は、標準読み書きスクリーニング検査（STRAW－R）の音読文章課
題が60.0秒と、高校生の平均（46.58秒±7.11）と比較しても1.9標
準偏差以上遅く、困難レベルであるという結果でした。

　英語の検査である中学生の英単語の読み書きの理解（URAWSS-
English）では、中学3年生の平均を基準にすると特に大きな困難は
認められませんでした。URAWSS-Englishは中学生の英単語が課

題なので、やさしすぎて結果が出なかったからだと考えられます。

　TOEICの練習問題をやっていて、自分自身で音読した後で解答すると得点が上がる印象があると、本人から情報提供があったので、音読補助効果についてTOEIC公式問題集を使って測定しました。測定は、黙読実施と音読実施を比較して行いました。その結果、黙読実施では30問中21問の正解だったのが、音読実施では30問中26問正解と約１割の得点上昇があり、音読補助の効果が確認できました。

2　配慮申請へ

　医療機関では、読み速度の遅さを根拠にして読み書き障害の診断が出ました。その読み書き障害の診断書と音読補助効果の検査所見を添えて、時間延長と自分自身での音読実施の配慮申請をTOEIC事務局にしました。その結果、別室受験、試験時間２倍の延長、リーディングセクションでの音読してからの解答が許可されました。配慮を受けての試験によって、海外赴任のためのTOEICの基準点に達し、無事海外に赴任ができました。

合理的配慮って、なに?

合理的配慮の提供が義務化

　2016年に障害者差別解消法が施行されました。その法律によって、合理的配慮の提供が義務化（公的機関は法的義務、民間機関は努力義務）されました。

　2021年5月、障害者差別解消法が改正され、合理的配慮の提供がこれまで努力義務とされていた民間機関も法的義務とすることが決定されました。この改正法は、公布日である2021年6月4日から起算して、3年以内に施行されます。

合理的配慮とは

　合理的配慮の定義は、「国連の障害者の権利に関する条約」（障害者権利条約）の第二条に「障害者が他の者と平等にすべての人権及び基本的自由を享有し、又は行使することを確保するための必要かつ適当な変更及び調整であって、特定の場合において必要とされるものであり、かつ、均衡を失した又は過度の負担を課さないものをいう」とあります。

　障害のある人から「社会の中でもしくは生活上、妨げとなる社会的障壁（バリア）を取り除く、なんらかの対応をしてほしい」と意思表示があったら、学校や役所、施設や事業所などは、負担が重すぎない範囲で、状況に応じて変更や調整を行うことをいいます。

　誤解しないでほしいのは、合理的配慮は、本質を変えないで、障害のある人とない人のスタートラインを同じ位置にそろえ

るだけだということです。テストを例に言うならば、問題をやさ
しくしたり、質問項目を減らしたりする場合は、合理的配慮では
ありません（その場合は、変更：modificationといいます）。

合理的配慮の申請について

　合理的配慮の申請については、障害者差別解消法の中に、「障
害者から現に社会的障壁の除去を必要としている旨の意思の表明
があった場合において」とあります。

　つまり、本人からの申請が基本になります。もちろん、本人に
知的障害などがあって意思を伝えることが難しい場合には、障害
者の家族、介助者、支援者などが申請することができます。

　文部科学省が2015年に策定した「文部科学省所管事業分野に
おける障害を理由とする差別の解消の推進に関する対応指針」（対
応指針）には、「障害者の家族、介助者、法定代理人その他意思の
表明に関わる支援者等、コミュニケーションを支援する者が本人
を補佐して行う意思の表明」とあります。

　また、「意思の表明がない場合であっても、当該障害者が社会
的障壁の除去を必要としていることが明白である場合には、法の
趣旨に鑑み、当該障害者に対して適切と思われる配慮を提案する
ために建設的対話を働きかけるなど、自主的な取組に努めること
が望ましい」と、本人からの申請がない場合も、合理的配慮が必
要と思われる人に対しては提供を考える必要があることが書かれ
ています。

申請後は建設的対話へ

申請があった後には、「建設的対話」によって、どのような配慮ならば提供ができるかの検討に入ります。

「対応指針」の中には、合理的配慮について「代替措置の選択も含め、双方の建設的対話による相互理解を通じて、必要かつ合理的な範囲で、柔軟に対応がなされるものである」と書かれています。「建設的対話」という用語で、話し合いの重要性が示されています。

以前はよく学校側から「先例（前例）がないので、対応できません」ということばが聞かれましたが、先例は対話を通じてつくるものです。落としどころを模索し、どういうことができるかを具体的に考え、いろいろ試行錯誤してみることが、教育現場の対応力を高めることにつながります。

合理的配慮をしてもらうのに診断書は不要

なお、合理的配慮提供のために診断書が必要かどうかについては、「対応指針」の中に、「法（注：障害者差別解消法）が対象とする障害者は、いわゆる障害者手帳の所持者に限られない」と明記されています。

診断書は、障害認定のために必要な書類です。障害認定が必要なのは、予算に限りがある障害者福祉サービスなどの制度や政策の対象者を限定しなければいけないような場合です。

それに対して合理的配慮は、「均衡を失した又は過度の負担を課さない」かぎり、できるだけ多くの障害者に提供することが、インクルーシブ社会の実現には必要であるので、診断書は不要で

あるという理由になります。

合理的配慮の例

　「対応指針」には、合理的配慮の例として、つぎのようなものがあげられています。

・入学試験や検定試験において、本人・保護者の希望、障害の状況などを踏まえて、別室での受験、試験時間の延長、点字や拡大文字、音声読み上げ機能の使用などを許可すること
・読み・書き等に困難のある児童や生徒などのために、授業や試験でのタブレット端末等のICT機器使用を許可したり、筆記に代えて口頭試問による学習評価を行ったりすること

　他に、職場などでの合理的配慮の事例としては、「漢字を書くことが極端に苦手であったため、履歴書などの書類をPCで作成することを認めた (運輸業)」(合理的配慮指針事例集【第三版】厚生労働省障害者雇用対策課)、「資格取得のための講義において、読み書きや筆記テストに難しさがあるため、タブレットの使用許可した」(合理的配慮の提供等事例集　内閣府) というものもありました。

CHAPTER **5**

学校で導入した
タブレット端末を
有効活用しよう

平林ルミ

学びプラネット 代表
東京大学大学院教育学研究科附属
バリアフリー教育開発研究センター 特任助教

子どもが１人１台のタブレット端末を使って学ぶことの教育的意義

　子どもが自分のスマートフォンやタブレット端末を持つことが珍しくない時代になりました。一方、家庭の経済状況によっては子どもは自分の端末を所有できなかったり、家にインターネット環境がなかったりと、経済格差が子どもの教育格差・情報格差につながることが懸念されます。かつて学校にはコンピュータルームがあり、コンピュータを扱うのは技術科などの限られた科目だけという時代がありました。しかし2019年から文部科学省はGIGAスクール構想 (GIGA : Global and Innovation Gateway for All) を打ち出し、全国の小学校・中学校、そして高校における「１人１台端末」の整備と、学校のインターネット環境整備を進めることとなり、コンピュータは教室で日常的に使う文房具へと変化しつつあります。

　子ども１人ひとりに１台の端末が貸与され活用されることは、家庭のICT環境、インターネット環境の格差がもたらす情報格差の是正という意義があります。また特別支援教育の視点からは、さまざまに異なる特性のある子どもの学びを制約する学校の中にある偏りの是正という意義もあります。読み書き・計算が学習の基礎的な手段となっている現在の学校では、教師やクラスメイトとの会話は音声を介して対面で行われます。そして、授業時間に学校の教室に来ることができないと授業に参加できません。学校において当然視されているこうしたあり方はさまざまな偏りを生み出します。「１人１台端末」の整備が、偏りによって生じている子どもの学びにくさの解消へつながることが大切です（表1）。

表1 学校の標準とそれに関する別の選択肢

学校の標準	別の選択肢
文章を読む	文章を音声化して聞く
文字を書く	写真を撮って記録したり、ワープロで入力する
計算をする	電卓で答えを導く 九九表や計算手順シートを参照する
口頭で話す	文字でチャットをする
音声を聞く	音声を文字化してそれを見る
教室で授業に参加する	オンラインで家や病院などから 授業に参加する

　一方、学習に特異的困難のある子どもがその困難さを補う道具としてタブレット端末を使う事例は、GIGAスクール構想に先立ち、タブレット端末の普及とともに増えてきました。タブレット端末はアプリを手軽に入れられることから、表1で示したような機能を子どもに合わせて導入できるという利点があります。「1人1台端末」の整備以前は、家庭で用意した端末を学校に持ちこむという選択肢しかありませんでしたが、GIGAスクール構想の推進により、読み書きが苦手な子どもが読み書きを補うために、学校の端末を筆記用具にして使う選択肢が現れました。しかし、「1人1台端末」はシステムでまとめて管理されることが多く、個々の子どもに合わせてアプリケーションを入れるようには設計されていません。アプリを追加する手続きは自治体によってさまざまですが、教育委員会に申請を行い、アプリをインストールすることが多いようです。このように「1人1台端末」では、アプリを入れる段階でさまざまな制約が生じます。BYOD（Bring Your Own Device）といって自分の端末を学校に持ち込むアプローチもあり

ますが、BYODを採用する自治体はほとんどなく、公立高校での実証研究が行われている例がある程度です。

　また、文部科学省が2021年に公開した調査資料によれば、全国の自治体で配備が進む「１人１台端末」のOSは、ChromeOSが40.1%、WindowsOSが30.4%、iOSが29.0%、その他が0.5%であり、整備されているOSは自治体によって異なります。加えて、アプリケーションはOSごとに異なっているため、子どもの困難さに応じた機能を「１人１台端末」に入れ、それを使いこなすことは容易ではありません。しかし、自治体によって異なるOSやアプリケーションという状況の中で、タブレット端末を読み書きが苦手な子どもの学習ツールとして生かせないかといえば、そんなことはありません。それぞれのOSはさまざまな障害や困難のある人が使うことを想定してアクセシビリティ機能を持っていますし、Microsoft Office（Word、Excel、PowerPointなど）やiWork（AppleのPages、Numbers、Keynoteなど）、Google Workplace（ドキュメント、スプレッドシート、スライドなど）といった標準のアプリケーションは、より多くの子どもが使いやすいようにデザインされ、日々改良されています。

　子どもにタブレット端末の機能を紹介する役割にある大人がアプリケーションの使い方を固定的に捉えるのではなく、「このアプリケーションに入っているこの機能は、こんなことに使えるかもしれない」という柔軟な発想を持つことが大切です。

　本章は、現在の「１人１台端末」の状況が、個別にアプリケーションを入れることに制約があるという前提で、「１人１台端末」を読み書きが苦手な子どもが学びのツールにする方法を紹介していきます。

1人1台のタブレット端末が学校の当たり前を変える

「1人1台端末」は、子どもたちが自分の苦手さを補う機能を使うための道具にとどまりません。筆記用具が "紙とえんぴつ・消しゴム" からタブレット端末になることによって、先生の授業の仕方が変わり、そして学校の当たり前が変わります。

GoogleフォームやMicrosoft Formsといったアンケートツールは、プリント課題や紙のテストに変わり、子どもの学習理解や到達度を測るための方法になります。

これまでは、

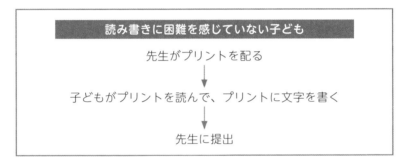

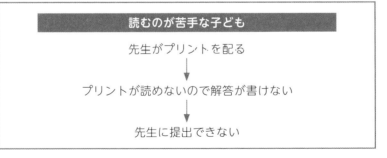

```
┌─────────────────────────────────────────────────────────┐
│              書くのが苦手な子ども                          │
│                                                           │
│                先生がプリントを配る                        │
│                       ↓                                   │
│       プリントを読んで解答はわかるけれど書けない            │
│                       ↓                                   │
│              先生に提出できない                            │
└─────────────────────────────────────────────────────────┘
```

だったのが、困難のある子ども自身がタブレット端末を持ち込むこと
で、つぎのように変わります。

```
┌─────────────────────────────────────────────────────────┐
│              読むのが苦手な子ども                          │
│                                                           │
│            先生がプリントの電子ファイルを送る               │
│                       ↓                                   │
│     子どもが読み上げソフトで電子ファイルを読み、解答を打ち込む │
│                       ↓                                   │
│            プリンタで印刷して先生に提出                     │
│     （または、解答を入力したファイルをメールで先生に提出）    │
└─────────────────────────────────────────────────────────┘
```

```
┌─────────────────────────────────────────────────────────┐
│              書くのが苦手な子ども                          │
│                                                           │
│                先生がプリントを配る                        │
│                       ↓                                   │
│        子どもがプリントを端末に取り込み、解答を打ち込む      │
│                       ↓                                   │
│            プリンタで印刷して先生に提出                     │
│     （または、解答を入力したファイルをメールで先生に提出）    │
└─────────────────────────────────────────────────────────┘
```

　これが、「1人1台端末」になると、どうなるでしょうか。みん
ながタブレット端末を使うとなれば、先生が子どもにクイズを出

すとき、プリントを作って配る以外の選択肢が出てきます。その1つが、GoogleフォームやMicrosoft Formsといったアンケートフォームです。これまで行ってきたプリント課題やテストがアンケートフォームになると、アンケートフォームに打ち込まれた文字はデジタル情報ですので音声で読み上げられますし、辞書で意味も表示できます。アンケートフォームの解答は各種キーボードが使え、音声入力もできます。読み書きが苦手な子どもは紙が配られていたときは問題を理解し、解答を書き込む際、大きな障壁にぶつかっていましたが、紙からアンケートフォームに課題の形式が変わることで、直面していた障壁が小さくなります。

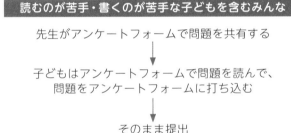

また、Microsoft TeamsやGoogle Classroomといったオンラインクラスは、学ぶ場としての「教室」という概念を大きく変えます。これまでは、「教室」に子どもがやってくることで学びがスタートしていました。そのため、障害や病気、いじめなどによって教室に入ることが難しくなると、途端に学びが阻害されてしまいます。しかし、「1人1台端末」があることが当たり前になると、教室に入れなくてもオンラインでつないでみんなと学べます。また、一般的

な教室では、音声でコミュニケーションするのが当たり前ですが、オンラインクラスでは音声に加え、チャットという手段を使って意見交換ができます。

つまり、他者と情報をやりとりする方法を「紙媒体」「教室での対面形式」に固定していたことにより生じていた障壁は、学校の当たり前が変わることで崩すことができるのです。「1人1台端末」は子どもの学び方を変え、教室のあり方を変え、学校そのものを大きく変える可能性を持つという意味で、子どもが直面する障壁自体を変えうるものです。

一方で、教室の中で「1人1台端末」の活用が当たり前になると、それが新たな障壁を作り出してしまう可能性もあります。学習手段がタブレット端末に限定されてしまうと、例えば、液晶画面がまぶしくて見にくいという子どもや、端末操作が苦手な子どもなど、タブレット端末が使えない・使いにくい子どもは学習しづらくなり支障が出るでしょう。方法を1つに限定してしまうのではなく、「紙もデジタルも」と、常に多様な学び方が認められることが大切です。

学校のタブレット端末を読み書きの道具にして学ぶ

GIGA端末が有するアクセシビリティ機能・標準機能の理解を深める

学校のタブレット端末を読み書きの道具として有効に活用するために、各OSが有する標準機能とアクセシビリティ機能（さまざまな困難のある人が端末を使うことを助ける機能）を知っておきましょう。

タブレット端末は、アプリケーションを追加することによってさまざまな機能を追加することができますが、アプリケーション

を活用する基礎になるのが、標準機能・アクセシビリティ機能です。読み書き障害があるということは、情報の入力と出力に制約があるということを意味します。アプリケーションを使う際にも、アプリケーションに表示されるメニューの文字を読んだり、アプリケーション上で文字を入力する必要があります。読み書きが苦手な子どもがタブレット端末を制約の少ない状態で使うためには、情報の入力と出力での調整が必要です。

　具体的には、「指定した部分を音声で読み上げられる」「画面キーボードに複数の入力方法がある」「画面上の文字サイズが調整できる」「写真やPDFに手書きなどでテキストが書き込める」の4点が重要です。これらの調整を、標準機能やアクセシビリティ機能で行うことが土台となります。しっかりとした土台を築くことで、そこから子どもの年齢や参加する活動に合わせたアプリケーションの活用へと発展します。

　つぎのページの表2に、各OSごとに、読み書きが苦手な子どもに役立つ標準機能・アクセシビリティ機能をまとめました。

表2 各OSが有する読み書きが苦手な子どもに役立つ標準機能・アクセシビリティ機能（OS標準のアクセシビリティ機能および標準機能で使う場合）

	Windows		iPad		Chromebook	
音声読み上げ（選択読み上げ）	○	Microsoft Office のイマーシブリーダー	○	設定＞アクセシビリティ＞読み上げコンテンツ	○	設定＞ユーザー補助機能＞ユーザー補助機能の管理＞選択読み上げ＞「選択して読み上げ」を有効にする
音声入力	○	Microsoft Office のディクテーションまたはWindows音声認識 Windows11からは画面キーボード上にアイコンあり	○	画面キーボード上にアイコンあり	○	設定＞ユーザー補助機能＞ユーザー補助機能の管理＞キーボードとテキスト入力＞「音声入力」を有効にする
50音キーボード	△	Windows11 から実装	○	設定＞一般＞キーボード＞新しいキーボードの追加＞日本語＞かな入力	×	―
フリック入力	○	画面キーボードの左上から切り替え	○	画面キーボードの右下から切り替え	×	―
画面上の文字サイズの調整	○	設定＞ディスプレイ＞拡大縮小とレイアウト＞テキスト、アプリ、その他の項目のサイズを変更する	○	設定＞アクセシビリティ＞画面表示とテキストサイズ＞さらに大きな文字	○	設定＞デバイス＞ディスプレイ＞表示サイズ
画面の色の調整	○	Microsoft Office のイマーシブリーダー	○	設定＞アクセシビリティ＞画面表示とテキストサイズ＞カラーフィルタ	△	（白黒反転のみ可能）設定＞ユーザー補助機能＞ユーザー補助機能の管理＞表示＞ハイコントラストモードを使用
写真への書き込み	○	標準アプリ「Whiteboard」	○	マークアップ	○	Jamboard（ジャムボード）

指定した部分を音声で読み上げる機能

音声読み上げ機能（英語では、TTS: Text To Speechと呼ばれます）は、もともと視覚障害のある人がパソコンを使うために画面に表示される情報すべてを読み上げる機能（スクリーンリーダー）として開発されました。そこから文字は見えているけれど文字から情報を得ることがむずかしい読み障害の子どもが使う機能（選択読み上げ機能）に分化しています。したがって、タブレット端末にも画面全体の情報を読み上げるスクリーンリーダー機能と、選択した部分を読み上げる選択読み上げ機能の両方が備わっています。

複数の入力方法が選べる画面キーボード

タブレット端末は、画面にキーボードを表示させて入力することができます。画面上のキーボードは、「画面キーボード」や「オンスクリーンキーボード」と呼ばれます。画面キーボードに表示できる入力の種類は、OSによって異なります。

iPadの場合は、ローマ字入力・かな50音入力・フリック入力・

スクリーンリーダー機能 Windowsでは「ナレーター」、iPadでは「VoiceOver（ボイスオーバー）」、Chromebookでは「ChromeVox（クロームヴォックス）」という名称で導入されています。

フリック入力 キーを上下左右にフリックする（画面に触れているペンや指を少しだけスライドさせる）ことで、キーを繰り返してタップする（軽くたたく）ことなく、文字を入力する方法。画面キーボード上に多くの文字があると探しにくい場合や、手の動作に制約があり、画面キーボードの幅を狭くして使いたい場合に有効です。

音声入力・手書き入力の5種類が設定できるため最も選択肢が多く、ついでWindowsタブレットでローマ字入力、フリック入力・手書き入力の3種類、Chromebookは現在、ローマ字入力と手書き入力・音声入力の3種類です。

　Windowsタブレットは、「ディクテーション」という音声入力機能を備えており、設定でその機能を表示させることで音声入力が可能です。Windows11では画面キーボードで50音配列が利用できるようになり、画面キーボード上に音声入力ボタンが表示されるようになりました。小学校低学年の子どもがタブレットで文字入力をする際には50音配列の画面キーボードが必須ですので、「1人1台端末」のWindowsタブレットではOSをWindows11にアップグレードして使用するとよいでしょう。

音声入力　音声を認識して文字変換して入力する方法。iOS・ChromeOSでは画面キーボード上のマイクキーをタップすると音声入力ができる。Windows10ではスタートメニューからWindows簡単操作に進み、「Windows音声認識」をクリックして起動する。文字入力ができる状態で、マイクマークを押すと音声を認識して文字に変換する（Windows 11から画面キーボード上にマイクキーが導入されている）。

手書き入力　手書き文字認識を使用し、タッチパネルをなぞって文字を綴り、入力を行う方法。読み方のわからない文字を入力する際に有益である。

写真やPDFに手書きなどでテキストを書き込む

　書くことが苦手な子どもにとってタブレット端末が便利なのは、鉛筆の代わりになるからです。どのようなタブレット端末にもメモ機能があり、文字を打ち込むことができます。書くのが苦手な子どもにとっては文字を手書きせずに打ち込めるメモ機能だけでも便利ですが、加えて写真やPDFに書き込む機能は有益です。

　なぜなら、学校の中で文字を手で書く場面はあらゆるところに存在し、「ノートをとる」「連絡帳を書く」「プリントやワークブックで問題を解く」「持ち物に名前を書く」など、多くのバリエーションがあるからです。手書きしなければならないものを、タブレット端末で写真を撮って、そこに書き込みができれば、その活動に参加できます。

　写真やPDFに書き込む機能は、OSごとにさまざまです。178ページ以降でOSごとの特徴を説明していきますので、そのなかで紹介します。

Windows タブレット
Office に組み込まれたアクセシビリティ機能を活用しよう

Windowsを開発するMicrosoftは、長くさまざまな困難のある人が使うためのアクセシビリティ機能（Windowsではユーザー補助機能といいます）の開発に取り組んでおり、近年ではアクセシビリティ機能がMicrosoft Officeといった標準アプリの中に実装されるようになりました。これは障害のある人のための機能だったアクセシビリティ機能が、すべての人のための機能へと発展したといえるでしょう。

Wordにある読み書きを助ける機能

Wordには、イマーシブリーダー（音声読み上げ機能と、テキストの見た目「列幅」「ページの色」「テキストの間隔」の調整機能、英語の文章で音節を区切る機能を内蔵）やディクテーション（音声入力）があります。イマーシブリーダーはWordだけでなく、OneNoteやTeams、Formsでも使えるようになっており、さらにウェブブラウザであるMicrosoft Edgeにおいても文字を選択して右クリックで起動できます。

列幅の調節　読む文章の横幅（＝列の幅）が広いと、目を横に動かしにくい子どもは、行がずれたり、目が疲れたりすることがあります。列の幅を狭くすることは、目を動かす負荷を減らすことになることから、読みやすいと感じる場合があります。パソコンよりもスマホのほうが読みやすいというタイプの子どもに有益な機能です。

ページの色の調節　通常の文書は背景の色が白、文字の色が黒で表示されます。白地に黒文字はコントラストが強いため、視覚情報に過敏さのある子どもは「まぶしい」「疲れる」と感じることがあります。そのような場合はページの色設定で、背景に色をつけることでコントラストを低減することができます。

Wordのイマーシブリーダーと、それ以外のアプリで表示される通常のイマーシブリーダーは、外観や機能が異なります。通常のイマーシブリーダーは、Word版よりも機能が多く、音声読み上げ機能とテキストの見た目の調整機能に加え、不必要な部分に色をかけて隠す「行フォーカス機能」や単語の意味を図で表す「図解辞書機能」があります。さらに、文章に含まれる単語を品詞によって色分けする機能があり、外国語学習に有益です。

　また、Wordは文書作成のためのアプリケーションですので、標準機能が読み書きの助けになります。例えば紙の教科書を読むことが困難な子どもは、AccessReadingのウェブサイトからWord形式の教科書を申請して入手することができます。

　きっと、Word形式の教科書を開いた子どもは100ページを超えるファイルに戸惑うでしょう。そんなときには、リボンの表示から「ナビゲーションウィンドウ」を表示させて目次を使います。AccessReadingの教科書には、目次やページ（元の紙の教科書のページ数）が設定されていますので、目次から単元に飛ぶことや、検索窓にページ数を入力して特定のページに飛ぶことができます。

　さらに、Wordは縦書きができるため、国語のノート作成や解答作成に役立ちます。作文を書くときや、指定の文字数で文章を作るときには、マス目のある原稿用紙設定が便利です。紙であれば

Wordの縦書き機能　スマホやタブレットPCはもともと英語圏で開発されたものであるため、縦書きができるアプリケーションは少なく（OfficeではWordとPowerPoint）、Wordではリボンのレイアウト＞テキストの方向で縦書きに変更ができます。

Wordの原稿用紙設定　Wordで原稿用紙設定にするには、リボンのレイアウトで原稿用紙設定を選択し、スタイルを「マス目付き原稿用紙」に設定します。

マス目に文字を埋めていくことでおよその文字数が把握できますが、Wordなどのワープロ入力では文字数の把握が困難です。原稿用紙のマス目を工夫して使いましょう。

　また、中学校になると、テストは問題用紙と解答用紙が別々の形式になることが多くなります。問題用紙はWordなどの文書作成ソフトで作成されることが多いため、読むことが苦手な子どもには、テストの問題用紙をWordファイルで提供することが可能です。そのWordファイルを先に紹介したイマーシブリーダーの音声読み上げ機能やナビゲーションウィンドウの目次機能を使って読むとよいでしょう。次に課題になるのは解答を書き込む方法です。テストの解答用紙はファイルに解答を書き込むことを前提に作られるわけではありません。例えば、解答用紙が見た目を整えることを重視してExcelで作られることがあります。すると、解答用紙のファイルをもらってもうまく解答を打ち込めないという問題が生じます。

　解答用紙の写真を撮って上から解答を打ち込んだり、PDF形式で電子ファイルをもらってPDFに上から文字を打ち込むということもできなくはないのですが、WindowsタブレットはPDFに上から打ち込むのは得意ではなく、標準機能だけで快適に入力作業を行うのは困難です。現段階で実際にテストの解答方法として

解答を書き込む方法に関する注意事項　Windows の標準アプリで写真にテキストや手書きで書き込みをするには、標準アプリのWhiteboard を使えます。ただし、取り込んだ写真が全画面になるわけではないため、解答用紙に解答を入力する用途としてはおすすめできません。また、Whiteboard はMicrosoft標準アプリではありますが、アプリケーションなので自治体によっては導入していないこともあります。

中学・高校で実践されている方法は、Wordのアウトライン機能を使うというものです。Wordに解答を打ち込んでいくとなると、問題番号を記入しなければなりません。それを子どもが自分で行うのは手間がかかるので、アウトライン機能（段落番号機能）を使います。アウトライン機能を使うことで、解答用紙に問題番号を手入力する手間が省けます。

　さらに、Wordには数式入力機能があり、書くのが苦手な子どもが理数科目を学習する際にも役立ちます。数式入力は特定の書式にそって入力する (LaTex形式やUnicode Math形式) 必要があるため、低年齢の子どもが使いこなすのはむずかしい機能ですが、高校・大学で理数系科目を学ぶ際には役立ちます。数式入力は、Word以外では、OneNoteというノートテイクアプリで同様に利用できます。

段落番号機能　段落番号機能とは、1. と入力してエンターを押すと、次の行に2. が表示される機能のこと。

　　1. ——————
　　2. ——————
　　3. ——————

イマーシブリーダー 解説

1 Wordでイマーシブリーダーを使う

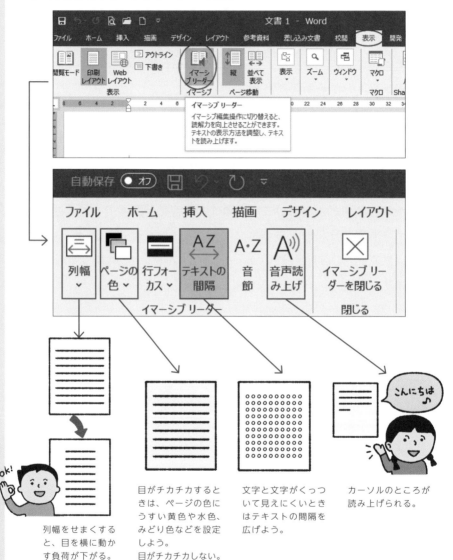

列幅をせまくすると、目を横に動かす負荷が下がる。

目がチカチカするときは、ページの色にうすい黄色や水色、みどり色などを設定しよう。
目がチカチカしない。

文字と文字がくっついて見えにくいときはテキストの間隔を広げよう。

カーソルのところが読み上げられる。

2 それ以外のアプリで使う

● OneNote , Teams , Forms
Wordでのイマーシブリーダーよりも機能が豊富

見た目の調整

読み上げ

行フォーカス

音節に分けたり、品詞別に色を
付けたりできる

図解辞書で、
ことばの意味に
近い絵を
表示できる

● Microsoft Edge
文字列を選んでイマーシブ
リーダーを起動

Word…読み書きを助ける機能の解説

●ナビゲーションウィンドウで目次機能を使おう

ページが多くて
どこを読んでいるか
わからなくなっちゃった

目次をクリックすれば、
その場所にとべる！

●国語のノートは縦書き設定で！　原稿用紙設定もできる

リボンのレイアウトを選び、
文字列の方向を縦書きにしよう

タブレットで縦書きできる

リボンのレイアウト＞原稿用紙設定で
原稿用紙の設定ができるよ！

● アウトライン機能を使えば、テストの解答作成がしやすい!

ワープロでテストの解答をしたいけど、自分で問題番号を打ち込むのは手間がかかる

リボンのホームでアウトラインを選ぼう!
数字が出てきたら、エンター ⏎ で次の数字が出てきて、
Tab で1つ下のレベルに階層がつくれる

● 数式

ワープロで数式って、
書ける?
やっぱり
手書きしかない?

入れ方が特殊なので調べて入力しよう!
UnicodeMathかLaTexで入力できる。

例えば

$1/2 \rightarrow \dfrac{1}{2}$

$x\text{\^{}}2 \rightarrow x^2$

PowerPointを宿題ツールにしよう

つぎに、「PowerPoint」を取り上げてみましょう。

PowerPointを教室の中でまとめ学習・発表に使う先生が多いのではないでしょうか。もともとはプレゼン作成アプリですが、教育現場においては文字だけでなく画像・図形・動画などさまざまなものを入れることができるデジタル画用紙として、さらにデジタル画用紙を複数枚並べられる紙芝居アプリとして活用できます。

先生がPowerPointで教材を作って子どもに提供することで、宿題ツールとして使うことができます。例えば、国語や英語の新出語彙をスライドに1つずつ打ち込んで、子どもと共有してみましょう。子どもにはその
スライドの中でことばの
読み方を調べて書き込
んだり、意味を調べた
り、画像検索して関連す
る画像を貼りつけたり、
イメージする絵を書いた
りすることを教えます。

PowerPointで作った漢字教材の例

読み書きが苦手な子どもにとって「プリントに書かれたことばの意味を辞書で調べる」ことは非常に高いハードルになりますが、タブレット端末であれば、単語をコピーして検索できるため、自律的な調べ学習として宿題を行うことができます。

また、マイクロソフトが無料で公開している「小学校で学習する文字の PowerPointスライド」を使えば、漢字スライドをスライドショーにした際に、漢字の筆順をアニメーションで表示すること

ができます。

　書くことが苦手な子どもの多くは、漢字を何度も書く反復学習を
嫌がります。漢字の反復学習は正しく書いて反復できない場合は
子どもが嫌がるだけでなく誤学習にもつながることがあります。
漢字の学習においては、まず正しく見ることが大切です。漢字の
筆順を、アニメーションを見ることで文字の形を正しく捉えること
ができます。アニメーションを見た後で漢字に含まれるパーツを見
つけて色を変える、そのパーツに名前があるか調べるといった宿題
が出せます。積極的に活用しましょう。

Microsoftが公開している「小学校で学習する文字の PowerPoint スライド」
を活用した漢字学習の例

▲ PowerPoint の
スライドは
サイトから無料で
ダウンロードできる。

書き方をアニメーションで見る

パーツを認識しやすくする

形が似たものと区別する

Windows タブレット　活用のポイント

　このように読み書きが苦手な子どもには特別なアプリケーショ
ンが必要と考えるのではなく、みんなが使うツールが有する機能
を柔軟に活用し、読み書きの負担を軽減させましょう。標準機能
（アクセシビリティ機能やOSの基本機能）とMicrosoft Officeが持つ機
能を組み合わせることが活用のカギになります。

iPad
読み書きを助けるアクセシビリティ機能・標準機能がアプリの中でも動く

iPadは、筆記用具として使うのに適した端末です。アプリを入れなくても使えるアクセシビリティ機能・標準機能が充実しており、読み書きが苦手な子どもを助けてくれます。テキストサイズ・キーボードの追加・音声読み上げの3つの設定をしておきましょう。

音声読み上げの細かな設定が読みの負担を軽減してくれる

音声読み上げの機能は、読みが苦手な子どもにとても役立ちます。

設定＞アクセシビリティ＞読み上げコンテンツで、読みを助ける機能の設定をしましょう。

テキストサイズ iPadは、設定＞画面表示とテキストサイズ＞さらに大きな文字の項目で設定やメニュー、メモなどの文字の大きさを通常よりも大きく設定することができます。子どもが文章を選択して読み上げたり、辞書を引いたりする際、文字の大きさが小さいとうまく選択することができません。適切な大きさを子どもに選ばせたり、文字の大きさを変更する方法を子どもに教えて、自分で調整できるようにしましょう。

キーボードの追加 設定＞一般＞キーボード＞キーボード の項目でiPadで使用する画面キーボードを追加することができます。子どもが使うことを想定して「日本語–かな入力（50音の文字盤）」を追加し、読めない文字を入力するために「簡体中国語–手書き」を追加しておきましょう。

読み上げコンテンツの画面

❶「選択項目の読み上げ」機能をオンにしてみましょう。「選択読み上げ」機能によって、文字列を選択するとメニューに「読み上げ」機能が追加され、読み上げることができます。

iPadのアクセシビリティ機能の中には音声で文字を読み上げる機能があります

❷「画面の読み上げ」機能をオンにし、続いて表示される「読み上げコントローラ」をオンにしましょう。読み上げコントローラを長押しすると、画面全体の読み上げができます。画面読み上げ機能は、ブックアプリで電子書籍を読むときなど、複数ページに渡る文書の読み上げをページをめくりながら行うことができます。

「画面読み上げ」機能　こんなときに便利！
・Webページで読みたい部分にリンクがはってあるから選択しようとすると、リンク先に飛んでしまい、読み上げられない。
・電子書籍で複数ページがあるものをまとめて読み上げたい。
・標準機能の辞書のように文字を選択できないけれど、文字情報のあるものを読みたい。

❸「読み上げコントローラ」は、❷の「画面の読み上げ」機能をオンにしたときに設定に現れます。オンにすると画面上に読み上げを制御するボタンが現れ、画面の読み上げ・タップした部分の読み上げをコントロールします。読み上げる速度の調整も可能です。

❹「内容を強調表示」は選択読み上げで読み上げているときに、文字列や背景に色をつけたり下線をつけたりして強調する機能です。読みが苦手な子どもは文字が見えていないわけではないので、どこの部分を読み上げているのかを示すことで、文字と音声との対応づけがしやすくなる場合があります。

❺「入力フィードバック」をオンにすると iPad でキーボード入力したときに、入力したキーの文字を読み上げるようになります。「入力フィードバック」項目を選択して、「文字」「単語を読み上げる」をオンにします。

　読むのが苦手な子どもが文字を入力するときに形や音が似た文字、意味が似た言葉と打ち間違えをすることがあります。例えば、「よろしく」と入力したいときに「よりしく」、「りょこう」と入力したいときに「りょうこう」「りゃこう」といった誤りをしてしまいます。しかし、読むのが苦手なために視覚的な情報だけではその間違いに気づけません。そんなときに役

入力フィードバック

耳で聞くとよくわかる！あ！ちがってる！

よりしくおねがいします。

よりしくおねがします。

立つのが「入力フィードバック」機能です。打ち込んだ文字や候補から変換した単語を音声で読み上げてフィードバックします。音声フィードバックの音が周囲に聞こえることを嫌がる子どももいるので、イヤホンなどを併用するとよいでしょう。

❻ 「読みかた」は単語の読み方を指定するための機能です。日本語は同じ漢字でも読み方が異なる同形異音語が多数存在するため音声読み上げにも誤りが多く生じます。「読みかた」に単語の読み方を登録することで、特定の単語の読み方を決めることができます。

名前や学校名などで誤った読み上げ方をしてしまうと、使う子どもが残念に感じることがあるので、「読みかた」に登録しましょう。

「読みかた」の登録方法

このようにアクセシビリティ機能は音声読み上げ1つを取り上げても、さまざまなニーズに応えられるように設計されています。さらに、アクセシビリティ機能はさまざまなアプリを使うときにもそのアプリの中で動きます。例えば、マインドマップのアプリで入力した文字を読み上げたいときには、選択読み上げの機能が働きます。

書き込みツール「マークアップ」が手書きの困難を軽減してくれる

iPadには標準機能として「マークアップ」という手書きやテキスト・図形を書き込む機能があります。定規で直線を引いたり、90度までの角度を測ることもできます。

マークアップは、さまざまなところに登場します。スクリーンショットを撮ったときには自動で表示されますし、写真アプリの編集画面から呼び出すこともできます。さらに、メモアプリを開き、鉛筆マークを押すと起動できますし、メモに入れた写真を開いたときや、フォルダアプリやブックアプリでPDFファイルを開いたときに表示され、写真・PDFファイルにテキスト入力できたり、フリーハンドで書き込みができます。

マークアップのアイコンを見たら押してみよう。

文字も入力できます

▲写真の上には手書きできるだけ
　でなく、文字も入力できる

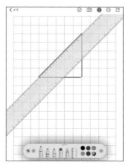

◀「マークアップ」のものさしの機能を使って、三角形を描いている

　メモアプリはどんどん進化しており、スキャナ機能も搭載されています。メモアプリで写真を追加するときに「書類をスキャン」を選びましょう。するとカメラが立ち上がるので、書類などの写真を撮ります。このとき、書類の四隅を読み取り、書類の外側の部分を切り取ってくれます。さらに最近では画像から文字情報を読み取る（一般的にはOCRといいます）「テキストをスキャン」がメモアプリに追加されました。英語・中国語だけでなく日本語に対応し（iOS16から）、メールアドレスや漢字、数字の読み取りができます。

Keynoteでテストをアクセシブルにしよう

　最後に標準アプリである「Keynote」を紹介します。「Keynote」はMicrosoftのPowerPointと同様にプレゼンテーションを作成するためのアプリです。しかし、その用途はプレゼン作成にとどまりません。例えば、Keynoteは、画像を入れる機能、文字を入力するためのテキストボックスを入れる機能、音声を録音して追加する機能があります。この３つの機能を使うことで、読み書きが苦手な子どものために、「問題を読み上げて、ワープロで解答を入力するテストを作成すること」ができます。

読み書きが苦手な子どもがアクセスしやすいテストの作り方

①プリントの写真をとってその画像をKeynoteのスライドに入れる（背景のイメージとして画像を設定すると画像がずれなくなり便利）

②録音機能をオンにして問題の文章を読み上げる

③解答するためのテキストボックスを追加する

---

iPad　活用のポイント

　このように、日々進化する技術にどう対応すればよいでしょうか。ポイントは、「何だろうと思ったら、ボタンを押してみること」「それでもわからなければ、その用語を調べてみること」です。ICTを使うコツは、すべてを把握してから使い始めるのではなく、使いながら覚えることにあります。

Chromebook
ネットにつながっていれば、こんなに使える!

　Chromebookは、WindowsやiPadと異なり、端末本体にアプリケーションをインストールするのではなくインターネットに接続し、ウェブブラウザであるGoogle Chromeを介してウェブ上のサービスを使うための道具です。日本ではそれほど普及していないため馴染みのない方も多いのですが、GIGAスクール構想の推進によって多くの学校に導入されました。「Chromebookは使ったことがないけれど、GメールやGoogleドライブ（ドキュメント、スプレッドシート、スライド）といったGoogleのウェブツールを使っている」という方は多いのではないでしょうか。Chromebookは、Googleのウェブツールを使うための端末です。

　Chromebookでは、Google Chromeに拡張機能をインストールすることで、個人に合わせた機能を追加できます。拡張機能はGoogleアカウントに紐づけて使われるもので、その種類もさまざまであり、日進月歩で開発が進んでいます。

　拡張機能には、読み書きが苦手な子どもの学習を助けるものも多く存在します。例えば、「Kami」という拡張機能を使えば、PDFファイルを開いて、上から文字を入力したり、フリーハンドで文字や線を書き込むことができます。「rikaikun」は、ウェブ上の文字情報にマウスカーソルを当てると、その読み方を表示することができます。

　おすすめのGoogle Chrome拡張機能は、筆者のブログで紹介していますので、ぜひご覧ください。

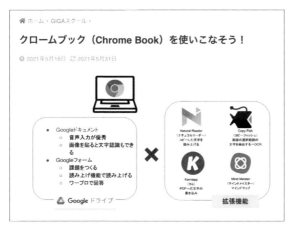

https://rumihirabayashi.com/chromebook/

しかし現在、多くの自治体でChromebookで拡張機能の利用が制限されています。個別にアプリを入れることを想定していないことがその制限を生み出しているようです。端末に制限を設けることの是非や読み書きが苦手な子どもの学習活動に与える影響については、次項に書きますが、制限がある前提でChromebookを最大限活用する方法を紹介します。

Chromebookのアクセシビリティ

Chromebookもさまざまな困難のある人を想定して開発されているため、アクセシビリティ機能があります。Chromebookのアクセシビリティ機能は、ユーザー補助機能という名称が使われています。

読み書きが苦手な子どもがChromebookを使う場合には、「選択読み上げ」と「音声入力」の機能を、設定のユーザー補助機能

5

学校で導入したタブレット端末を有効活用しよう

でオンにしておきましょう。オンにすることで、画面の右下にアイコンが表示されるようになり、アイコンをタッチすると機能を起動できます。（ 🔊 読み上げのアイコン、 🎤 音声入力のアイコン）

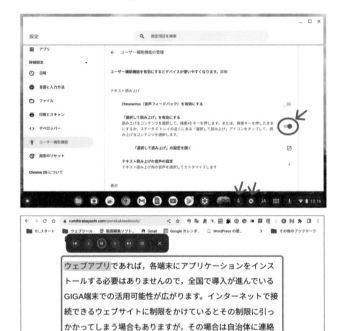

選択したテキスト部分を読み上げている画面

拡張機能が使えないのならウェブアプリを使おう

　GIGA端末は、子どもそれぞれの端末にアプリケーションをインストールすることが自由にできない状況が生じます。そんなときは、ウェブアプリを使いましょう。ウェブアプリというのは、

ウェブページ上で動作するアプリケーションやウェブサービスです。インターネットで接続できるウェブサイトに制限をかけていると、その制限に引っかかってしまう場合もありますが、その場合は自治体に連絡してホワイトリストに登録（サイトを接続しても問題がないものとして認証）をしてもらえばよいでしょう。ウェブ上で動いているので、iPadやWindows、Chomebookといったタブレット端末の種類やOSのバージョンに大きく影響を受けることなく使うことができます。

　ウェブアプリはログインせずにそのまま使うものと、アカウントを作ってログインして使うものの大きく2種類に分かれます。特に電子書籍系や作文系のマインドマップ、ノート系などはログインせずに使うことはできません。電子書籍系は著作権に関連して事前の登録が必要であり、マインドマップやノート系はデータを残す必要があるためにログインが前提になります。

　下の図は、筆者がブログで公開しているおすすめのウェブアプリを一覧で示したウェブアプリホイールです。随時更新を行って

https://rumihirabayashi.com/yomikakiwebtools/

おり、アイコンにはウェブアプリのリンクが埋め込んであります
ので、アイコンを押すとページに接続します。

　例えば、「原稿用紙エディタ（https://sundryst.com/convenienttool/
manuscript.html)」は、打ち込んだ文章を原稿用紙に流し込んでい
くことができるツールです。印刷機能もあるため、そのままプリ
ントアウトしたりPDFファイルに変換してタブレット端末に保存
することができます。「mind meister（マインドメイスター　https://
www.mindmeister.com/ja)」はコンセプトマップ（マインドマップと
も呼ばれます）を作成できるツールです。使用するにはGoogleア
カウントまたは自身で作成するアカウント（自分のメールアドレス
で作成）にログインする必要があります。

　このように、ウェブ上にはさまざまなウェブアプリが存在して
います。ウェブアプリは英語表記しかないアプリや数式・作図系
のアプリが入っているので、使い方がむずかしいものもありま
す。まずはタップして使ってみて、使えそうなものから使ってい
くとよいでしょう。

Chromebook　活用のポイント

　Chromebookは、学校と最も相性の悪い端末といえるかもし
れません。なぜなら、Chromebookはインターネットに接続し
て、自分のアカウントに拡張機能を追加し、他者と共同作業を行
うことを得意とする端末だからです。次項では、Chromebook
の活用を縛ってしまう、学校の中にあるさまざまなルールについ
て検討していきます。

1人1台の利点を台無しにしかねない学校のルール

GIGAスクール構想によって、「1人1台端末」が学校に配備されれば、子どもが学びやすい学校が作れるはずです。しかし、実際に「1人1台端末」が配備された学校の子どもや保護者の方から懸念の声が聞かれます。みんな口を揃えて、「学校から貸与された『1人1台端末』は、制限が厳しくて使いたいことに使えない」というのです。

学校の中のどのようなルールがこのような状況を生み出しているのでしょうか。家庭から寄せられる学校の「1人1台端末」に付帯して設けられている制限やルールは以下のようなものです。このような制限・ルールは「1人1台端末」の利点を台無しにしかねない、いわば"キラールール"と言えます。なぜでしょうか。

「1人1台端末」に付帯して設けられている制限やルール

家に持ち帰れない

アプリを自由に入れられない

メールアカウントが使えない

周辺機器と接続できない

家でインターネットにつなげない（過度に制限されている）

自分専用の端末を持ち歩き、家に持ち帰ることの意味

タブレット端末を筆記用具として生かすためには、自分専用の端末を常に持ち歩けることが大切です。メモしたいときにメモをし、

その情報を見返したいときに見返すことができなければ、意味がありません。ある子どもは、「学校の『1人1台端末』のカメラで黒板の写真を撮ることや、ワープロでメモをすることは許可されているけれど、端末を家に持ち帰ることは許可されていない」と言います。そのメモした画像や文書ファイルは、学期末にまとめてCDに入れてもらうのだけれども、それではメモの意味がないと嘆いていました。また、端末の持ち帰りは、家に十分な教育資源（塾や問題集）がない子どもをサポートするという重要な意味があります。家に本がない、インターネット環境がない、パソコンがない、そんな状況を「1人1台端末」が変えてくれるのです。タブレット端末で行う宿題を増やし、タブレット端末を子どもが家で学ぶときの相棒とすべきです。

アプリが入れられることの意味

　前述したように学校の端末はシステムで一斉管理を行っていることから、1人ひとりの子どもに合わせてアプリケーションを準備しにくい現状があります。しかし、タブレット端末は個人用にカスタマイズして使うように設計された道具です。その道具を十分に活かすには、子どもの状態に合わせて必要な機能やアプリ（167ページの表1にある別の選択肢を実現できる機能やアプリ）が入れられる環境を整えることが大切です。

メールアカウントがあることの意味

　端末にアプリを入れることができないという制限があっても、メールアカウントが配布され、ウェブサービスを登録できれば、

ウェブ上でさまざまな機能が使えます。例えば、Google Chromeでは自分のGoogleアカウントに拡張機能を入れるため、端末自体にアプリを入れる必要はありません。また、自分のアカウントに必要な機能が紐づいているならば、学校・図書館などさまざまな公共の場所にある端末で、自分に必要な機能が使えます。さらに、メールが書ける・読めることは、現代における必須のスキルでもあります。

周辺機器と接続できることの意味

中学・高校になると学習量が増え、先生が取り扱う資料も専門に合わせて個別のものが増えます。これらの資料は教科書のようにあらかじめ電子媒体が提供される仕組みが整っているわけではありません。そのため、紙の資料が読みにくい場合にはその都度、スキャンして文字認識させる電子化作業が必要になります。この時、1枚1枚写真を撮るのではなく、高速スキャナで一気にタブレット端末に取り込むことができれば、作業効率が格段に上がります。

タブレット端末を紙と鉛筆のように機能させるには、紙からタブレット端末、タブレット端末から紙へ情報を変換するために、スキャナやプリンタといった周辺機器が必要です。

インターネットにつなげられることの意味

子どもが持つ端末がインターネットにつながることの是非は常に議論があります。私もインターネットを使う上でルールや制限は必要と考えます。しかし、あらかじめ有害情報を排除してしま

うことが、将来的にそれらの危険性から子どもを守ることになる
でしょうか。「夜10時以降はインターネットにつながらないよう
にする」「小学生は夜の間、端末を自室に置いておかないように
する」「友だちと交流ができるSNS機能のあるアプリの使用には
時間制限を設ける」など、適度な制限にとどめるべきです。イン
ターネットをすべて制限してしまっては、自律的に情報を調べる
学習者が育ちません。大人の手が届くうちに、子どもにトラブル
が起きたときの対処を教えなくてはなりません。

　1人1台の利点を台無しにしかねないルールを見直し、子ども
を自律的な学習者として育てるための環境づくりが大切ではない
でしょうか。

読み書きが苦手な子どもが1人1台端末を読み書きの道具として使い、学ぶために

　本章では、読み書きが苦手な子どもにとっての「1人1台端末」
の可能性を検討してきました。「1人1台端末」は、子どもたちが
自分の苦手さを補う機能を使うための道具にとどまりません。筆
記用具が"紙とえんぴつ・消しゴム"からタブレット端末になる
ことによって、先生の授業の仕方が変わり、そして学校の当たり
前が変わります。そして、学校の当たり前が変わることこそが、
学校で読み書きが苦手な子どもが経験する障壁を軽減することに
つながります。

　「1人1台端末」の可能性を最大化するためのポイントは、つ
ぎの3つです。

・みんなが使うツールが有する機能を柔軟に活用し、読み書きの負担を軽減させましょう。
・「何だろうと思ったらボタンを押してみる」そんな姿勢を先生が率先して実践し、子どもに自由に使わせましょう。
・1人1台の利点を台無しにしかねない学校のルールを見直しましょう。

　タブレット端末に代表されるICT機器は単なる道具です。便利な部分だけ、使えるところから使えばいいと思います。ICT機器が苦手な人がいるわけではなく、単に慣れていないだけです。子どもと一緒に触りながら、タブレット端末が有する面白い機能を探究してみてください。

平林 ルミ（ひらばやし るみ）

長野県大町市出身。金沢大学教育学部・教育学研究科（学部・修士）、東京大学工学系研究科（博士）を経て、現在は学びプラネット合同会社・代表社員（2020年9月〜）、東京大学大学院教育学研究科附属バリアフリー教育開発研究センター特任助教（2022年4月〜）。博士（学術）、言語聴覚士、公認心理師、臨床発達心理士、特別支援教育士スーパーバイザー（SENSE-SV）。専門は、特別支援教育、特に学習に困難のある人へのテクノロジーを用いた学習補償・環境調整、読み書き評価の開発、読み書きの指導法開発。読み書き検査『小中学生の読み書きの理解（URAWSS II）』(atacLab)、及び、英単語の読み書き検査『中学生の英単語の読み書きの理解（URAWSS-English）』(atacLab) の開発者。

巻末資料

https://petile.com/mahoroba/c8-120.html
バリアフリーパソコンサポート「まほろば」（愛知県一宮市）

https://www.assistivetechnology.cfbx.jp/kinta/
「kintaのブログANNEX」
AT（Assistive Technology：支援機器）、ICT（Information and Communication Technology：
情報通信技術）、AAC（Augmentative & Alternative Communication：補助代替コミュニケー
ション）に関わる情報を発信しています。

http://www.tokyo-itcenter.com/700link/sm-iphon4.html
「東京都障害者IT地域支援センター」
iPhone、iPad用のアプリから、障害のある人に便利なアプリを紹介しています。

https://rumihirabayashi.com/
「平林ルミのテクノロジーノート」
読み書きの補助代替ツールとして使えるアプリの紹介がされています。

https://www.microsoft.com/ja-jp/enable/study
「学習に困難のある子どものテクノロジー活用」
Microsoft社が提供している学習に困難がある子どものICT活用情報が紹介さ
れています。

http://kyozai.nise.go.jp/

「特別支援教育教材ポータルサイト」

国立特別支援教育総合研究所が提供している支援機器や事例の情報が紹介されています。

https://maho-prj.org/

「魔法のプロジェクト」のウェブサイト

携帯情報端末を教育現場で活用した事例が公開されています。

https://doit-japan.org/report-video/

DO-IT Japan（Diversity, Opportunities, Internetworking, and Technology）のウェブサイト

DO-IT Japanが展開する、障害のある児童生徒・学生たちに、就学・進学や就労・キャリア移行に関連するプログラムを提供し、社会のリーダーとなる人材を育てることを目的としたプロジェクトの、2008年からの活動報告書が掲載されています。その中には、入試でのICTを活用した配慮事例も載っています。

https://yomikaki.or.jp/

一般社団法人読み書き配慮のウェブサイト

読み書き障害への配慮事例のデータベースがあります。非会員は、一部閲覧可能です。

※2022年6月10日現在

用語解説（五十音順）

ICF

　国際生活機能分類（International Classification of Functioning, Disability and Health）。2001年に世界保健機関（WHO）で採択された人間の生活機能と障害の分類法です。それまでの国際障害分類（ICIDH）がマイナス面を分類する考え方であったのを、生活機能というプラス面からみることと、環境因子などの観点を加えた点が異なっています。

　ICFによる障害の捉え方は、障害の「社会モデル」です。「医学モデル」は、障害者が困難に直面するのはその人個人に原因があり、克服するのは個人の責任と考えます。それに対して、「社会モデル」では、社会が障害をつくっているのであって、その障害を取り除くのは社会の責務と考えます。

　現在、障害者基本法などの障害者関連の法律では、「社会モデル」が採用されています。

仮名遣い

　仮名遣いとは、発音と表記が異なる場合の表記の規則です。例えば、「夕焼け」は「ゆうやけ」と表記します。しかし、話し言葉の中では「う」とは発音せずに「ゆー」と伸ばしています。

　現在の助詞表記については、1986年内閣訓令第1号「『現代仮名遣い』の実施について」で以下のように示されています。

---

　1 助詞の「を」は「を」と書く。例　本を読む……（以下略）

　2 助詞の「は」は「は」と書く。例　今日は日曜です……（以下略）

　3 助詞の「へ」は「へ」と書く。例　故郷へ帰る……（以下略）

この助詞の表記について、今野（2014）は次のような説明をしています。

> 助詞以外に使わない「を・ヲ」は、使われていれば助詞であることがす
> ぐにわかる。そして、そこに軽い「切れ目」があることがすぐにわかり、
> それが読み解きの効率を高めている可能性がある。そうであるとすると、
> 「を・ヲ」の使用をやめて単純化するか、使用を続けて過去とのつながり
> を維持し、読み解きの効率を保持するか、ということになる。結局はどち
> らかを選択するしかない。そして、「過去の慣習を尊重」する選択をした。

今野真二 (2014)『かなづかいの歴史 ―日本語を書くということ』 中央公論新社

合理的配慮

　障害のある人から「社会の中でもしくは生活上、妨げとなる社会的障壁
（バリア）を取り除くために、なんらかの対応をしてほしい」と意思が伝えら
れたときには、学校や役所、施設や事業所などは負担が重すぎない範囲
で、状況に応じて変更や調整をすることをいいます。詳しくは、161ページ
のコラムを参照。

小学校漢字の学年配当

　平成29年（2017年）の小学校学習指導要領の改訂から、小学校で学習する
漢字数は1,026字になりました（それまでは1,006字）。それらの漢字は1年生
から6年生まで配当されています。1年生80字、2年生160字、3年生200字、
4年生202字、5年生193字、6年生191字となっています。なお、義務教育
で習う常用漢字2,136字のうち、これら1,026字を除いた残りの1,110字を中
学校で習うことになりますが、中学校の何学年でどの漢字を習うかについて
は定めがなく、教科書によって異なっています。

知能指数

　知能指数（IQ）は、知能検査の結果を示した値です。WISC-Ⅳでは、同年
齢集団内での位置を示しています。100が平均で、85－115の間に約68％の
人がおさまり、70－130の間に約95％の人がおさまります。ばらつきを示す

標準偏差は、1標準偏差は15なので、標準偏差2つ分離れている場合、すなわち69以下を知的な障害があるとします。ただし、知能指数70−85程度を境界線と呼び、支援が必要な場合が多くあります。

通級による指導（通級指導教室）

　小・中学校の通常学級に在籍している比較的軽い障害がある児童生徒に対して、各教科などの指導は通常の学級で主に行いながら、個々の障害の状態に応じた特別の指導を行う教室です。平成5年（1993年）4月に制度化されました。平成18年（2006年）からは、学習障害、注意欠如・多動性障害が新たに通級の対象として加えられ、通級による指導の対象の障害は、言語障害、自閉症、情緒障害、弱視、難聴、学習障害（LD）、注意欠如・多動性障害（AD/HD）、肢体不自由、病弱・身体虚弱です。平成30年度（2018年度）から高校でも通級による指導が始まりました。なお、特別支援学級に在籍する児童生徒は、指導の対象になりません。

特殊音節

　「拗音」（小さい「ゃ」「ゅ」「ょ」）、「促音」（小さい「っ」）、長音（「ー」「う」など、のばす音）、撥音（「ん」）の総称です。

　音韻意識が弱い場合は、音があることを意識できないので、特殊音節に文字を当てはめることができず、書くときに文字が脱落することがあります。

　特殊音節は、歴史的には中国から入ってきた漢語の発音を表記するために考案されたといわれています。特殊音節を直接表す仮名がないため、特殊な記号（撥音を表わす「ん」）を使うか、あるいは仮名を使って、特殊な書き方（促音を小書きの「っ」とする）をするかしかなかったようです。

　表記方法については歴史的変遷があります。例えば、現在「っ」と表記する促音は、音声学的には、後に続く子音を発する準備をしている音のない状態です。音のない場所に「つ」を、しかも小書きにして表記するというのが促音です。平安時代は無表記だったのが、鎌倉時代につまる感じを与える音として「つ」が採用されたと考えられています。

小書きになったのは新しく、内閣訓令第8号「『現代かなづかい』実施の件」(1946年) に、「なるべく右下に小さく書く」と書かれて以降です。現在の表記規則を定めている「現代仮名遣い」(昭和61年7月1日　内閣告示第1号) にも、「促音に用いる『つ』は、なるべく小書きにする」と書かれています。「なるべく」ですから、法令文書では「や、ゆ、よ、つ」は小書きではなく、普通の大きさの文字でした。拗音の小書きについても同様です。「現代仮名遣い」(昭和61年7月1日　内閣告示第1号) では、「拗音に用いる『や、ゆ、よ』は、なるべく小書きにする」と、「なるべく」としか書かれていません。促音と拗音を必ず小書きにするようになったのは、昭和63年7月20日の通知(「内閣法制局発第125号　内閣法制局長官総務室から内閣官房内閣参事官室あての通知」)「法令における拗音及び促音に用いる『や・ゆ・よ・つ』の表記について」以降です。そこには、拗音と促音は「小書きにする」と書かれています。つまり、昭和63年になって、拗音と促音は必ず小書きすることになったのです。

特別支援学級

　教育上特別な支援が必要な児童生徒のために置かれる学級です。具体的な障害種は、知的障害、肢体不自由、病弱、弱視、難聴、その他の障害(言語障害、自閉症・情緒障害)、となっています。学級定員は8人です。制度上は高校にも設置できますが、実際の設置例はありません (2021年度の時点)。

特別支援教育支援員

　小・中学校において、障害のある児童生徒に対して、食事、排泄、教室の移動補助など学校における日常生活動作の介助を行ったり、発達障害のある児童生徒に対して、学習活動上のサポートを行ったりする役割の人です。

　文部科学省の『「特別支援教育支援員」を活用するために』では、「読み取りに困難を示す児童生徒に対して黒板の読み上げを行う」「書くことに困難を示す児童生徒に対してテストの代筆などを行う」などの支援例が記載されています。

標準偏差

　平均値が、ある得点分布の中央がどのあたりかを教えてくれる数値であるのに対し、分布の散らばりの程度を示す数値を標準偏差といいます。読み書き障害の場合は、検査の種類によって異なりますが、習得度が知的能力（知能指数IQ）や年齢から期待される水準よりも2標準偏差以上（1.5標準偏差以上という考え方もあります）離れる、あるいは、2学年以上（低学年では1学年以上）の遅れがあるという点を確認することによって示されます。

補助代替ツール

　なんらかの不自由さを補助するための手段を提供するソフトウェアやハードウェアのこと。本書では、「読む」「書く」「考えを整理する」といった作業を補助するツールを紹介しています。

ブックガイド

書誌情報は、2021年12月現在のものです。品切れ重版未定の書籍も含まれますので、
公共図書館などを利用して、手にとっていただきますようお願いいたします。

読み書き障害について詳しく知る

『ディスレクシア入門』

加藤醇子 編著｜日本評論社｜2016年
読み書きの難しさのメカニズム、支援の実際、具体的な
対応方法を解説します。電子書籍版あり。

『LD 学習症（学習障害）の本』

宮本信也 監修｜主婦の友社｜2017年
LDの子への接し方、ほめ方の注意、禁句集、学習面で
どう支えたらいいかなどを解説しています。電子書籍
版あり。

『これでわかる学習障がい』

小池敏英・奥住秀之 監修｜成美堂出版｜2019年
LDの原因、子どもの努力に報いる学習支援の設計、学校
との連携、家庭学習などのヒントをイラスト付きで解説。

『LD（学習障害）のすべてがわかる本』

上野一彦 監修｜講談社｜2007年

LDの基礎知識をはじめ、家庭での接し方から特別支援教育と具体的な指導法までをくわしく解説します。電子書籍版あり。

『LDの「定義」を再考する』

日本LD学会 監修｜金子書房｜2019年

LDの定義からいかに診断・判断を行うのか、LDをどう正確に診断・判断し対応に結びつけるのか、LD定義を前提にした「合理的配慮とは」などを解説。

『発達的視点からことばの障害を考える
── ディスレクシア・読解障害・SLI』

チャールズ・ヒューム、マーガレット・J・スノウリング 著
原惠子 他 訳｜SUP上智大学出版（販売：ぎょうせい）｜2016年

文字の読みに著しい困難のある「ディスレクシア」、読めるのに意味がわからない「読解障害」、言語発達が遅れる「SLI（特異的言語発達障害）」のメカニズムや支援を解説。

『読みに困難がある子どもの理解と指導
── 知能のPASS理論とDN-CASから』

J・P・ダス 著　前川久男、中山 健、岡崎慎治 訳｜
日本文化科学社｜2014年

読みの困難の背景にある問題を説明し、読みを支える認知・言語・音韻スキルを作り上げることを目的とした認知促進プログラムであるCOGENT、読み・書き・文章読解に困難さがある児童を対象とした治療プログラムであるPREPを概説。

『言語聴覚士のための言語発達障害学　第2版』

石田宏代・石坂郁代 編著｜医歯薬出版｜2016年

言語発達障害とは何か、正常な言語発達から発達障害までをわかりやすく解説。障害の評価の目的や方法、家族支援をはじめとした各種支援についても説明しています。

『アメリカの学習障害児教育
──学校教育における支援提供のあり方を模索する』

羽山裕子 著｜京都大学学術出版会｜2020年

アメリカにおいて蓄積されてきたLD（学習障害）指導の豊富な知見や、RTI（学習障害支援体制）について知ることができます。

『ディスレクシアだから大丈夫!
──視点を変えると見えてくる特異性と才能』

ブロック・L・アイディ、ファーネット・F・アイディ 著｜藤堂栄子 監訳｜辻 佑子・成田あゆみ 訳｜金子書房｜2021年

ディスレクシアと診断された人がそれぞれ、どんな知性を持ち、どのように情報処理をしているのか解説します。

『改訂 脳からわかる発達障害
──多様な脳・多様な発達・多様な学び』

鳥居深雪 著｜中央法規出版｜2020年

LD、ADHD、ASDの子どもたちを脳機能から理解するために、医学、心理学、教育学などの研究を踏まえ、知識をどう支援に活かすかについて解説。電子書籍版あり。

学習障害の子どもの理解と支援・評価について知る

『LD（学習障害）のある子を理解して育てる本』

竹田契一 監修｜学研教育みらい｜2018年

基礎知識・基本的な関わり方、LDのケース別対応、学校・専門機関などの活用法、年代別の子育てや支援ポイントなどを、イラストや図でやさしく解説。電子書籍版あり。

『親子で理解するLDの本
LD（学習障害）の子どもが困っていること
──家庭、勉強、友だち、進学……将来の不安を減らす』

宮尾益知 監修｜河出書房新社｜2019年

LDの子どもの行動の特徴や対処法などをわかりやすく解説。

『LDを活かして生きよう
── LD教授（パパ）のチャレンジ』

上野一彦 著｜ぶどう社｜2009年

「LD」や「発達障害」の見方を、ポジティブに変えてくれるエッセイ。作家・市川拓司さんとの対談も収録されています。

『「うちの子は字が書けないかも」と思ったら
──発達性読み書き障害の子の自立を考える』

千葉リョウコ 漫画　宇野 彰 著｜ポプラ社　2020年

ディスレクシアの子どもたちが抱える問題にどう対処すればいいか、将来どのように自立をしていけばいいかを専門家の解説と漫画で提示します。電子書籍版あり。

『子どもの学びと向き合う
医療スタッフのためのLD診療・支援入門』

玉井 浩 監修｜若宮英司 編集｜診断と治療社｜2016年
学習困難の検査・評価・支援のプロセス、LDの症状や
判断に迷う鑑別疾患について説明。ケース紹介で支援の
ポイントやタイミングをわかりやすく解説します。

『特別支援教育における言語・コミュニケーション・
読み書きに困難がある子どもの理解と支援』

大伴 潔・大井 学 編著｜学苑社｜2011年
言語・コミュニケーション発達や読み書きの基礎を理解
する入門書であり、専門的な知識や支援方法も解説。

『吃音?チック?読み書き障害?不器用?の子どもたちへ
保育所・幼稚園・巡回相談で役立つ
"気づきと手立て"のヒント集』

稲垣真澄 編集｜診断と治療社｜2020年
就学前に発達障害を見出し、子どもたちの支援につなが
る具体的な手立てとヒントを掲載。気づくためのチェッ
クリスト（CLASP）も掲載。

『聞く、読む、書く能力の認知特性・発達状況を把握する
小・中学校国語科 スクリーニングテスト』

佐藤明宏・武藏博文・富永大悟 編著｜明治図書出版｜2017年
国語科のつまずきを把握する小学校(低・中・高学年編)
と中学校のスクリーニングテスト問題、実施マニュア
ル、評価基準、指導事例などを掲載。

『学びに凸凹のある子が輝くデジタル時代の教育支援ガイド
──子ども・保護者・教師からの100の提言』

朝日新聞社 著｜学研教育みらい｜2021年

小学校〜大学までの学校生活や授業、受験などにおける
合理的配慮の実際、ICTを活用した有効な支援・指導のノウ
ハウやツールなど、朝日新聞に掲載された記事を採録。

『これでピタッと! 気づけば伸ばせる学習障害
──事例から学ぶ"解決"教えたいのは挫折ではなく生きる力』

菊田史子 著｜Book Trip｜2020年

2021年11月17日NHKのEテレ「ハートネットTV」で取
り上げられた親子の奮闘記。小学校から高校入学までの
軌跡がわかります。

『個に応じた支援方法がよくわかる
改訂版　特別支援教育　はじめのいっぽ!』

井上賞子・杉本陽子 著　小林倫代 監修｜学研教育みらい
｜2021年

子どもの抱える困難の背景に着目した、小学校学級担任
のための特別支援教育入門書。学校などで使える具体的
な指導法が載っています。CD-ROM付き。

『学習障害のある子どもを支援する』

宮本信也 編｜日本評論社｜2019年

発達性読み書き障害・算数障害などＬＤの概念、特徴、
支援方法などを包括的に解説。電子書籍版あり。

「読めるように」「書けるように」を目指した具体的な支援

『教室・家庭ですぐできる!
発達障害のある子どもの視覚認知トレーニング』

本多和子 著｜学研教育みらい｜2012年

見る力を育てるための27のトレーニング方法を紹介。
プリントやWindows用ソフトウェアを付属CD-ROMに
収録。

『発達の気になる子の 学習・運動が楽しくなる
ビジョントレーニング』

北出勝也 監修｜ナツメ社｜2015年

手軽にできるトレーニングの基礎編と応用編を掲載。
ワークシート、大人のサポートの仕方、声のかけ方も紹介。

『ひらがな練習ノート
下村式 となえて書く ひらがなドリル』

下村 昇 著｜偕成社｜2017年

目と手、口や耳、体も同時に使って楽しく文字をおぼえ
る「下村式口唱法」のひらがな練習帳。

『文字を書くのが苦手な子どものための
「ひらがな・カタカナ」ラクラク支援ワーク』

杉﨑哲子 著｜明治図書出版｜2016年

字形を連想させるイラストと一緒に口ずさみながら
文字をなぞるだけのワークブック。電子書籍版あり。

『ドラえもんの国語おもしろ攻略
歌って書けるひらがな・カタカナ』

下村 昇 著｜小学館｜2000年
ドラえもんのマンガで、ひらがな、カタカナが楽しく学べます。

『Ｔ式ひらがな音読支援の理論と実践』

小枝達也・関あゆみ 著｜日本小児医事出版社｜2019年
文字を読むのが苦手な子どもから外国につながりのある子どもまで、幅広く使える方法を紹介。

『障害がある子どもの文字を読む基礎学習
──導入から単語構成の指導』

宮城武久 著｜学研教育みらい｜2016年
絵カードや文字カードなどを使い、ひらがなを読み、単語の意味を理解できるようになるための系統的な指導法を紹介。

『障害がある子どもの文字を書く基礎学習
──ひらがな・漢字の書字指導』

宮城武久 著｜学研教育みらい｜2013年
書字のベースとなる視覚認知の指導からスタートし、書けるようになるまでの道筋を、スモールステップで解説。電子書籍版あり。

『読み書きが苦手な子どもへの〈漢字〉支援ワーク
新教科書対応版 １年・２年・３年・４年・５年・６年』

村井敏宏・中尾和人 著｜明治図書出版｜2020年
コピーフリーの漢字プリント集。電子書籍版あり。

『口で言えれば漢字は書ける！
盲学校から発信した漢字学習法』

道村静江 著｜小学館｜2010年

著者が考案した「部品の組み合わせ学習法」などを紹介。
電子書籍版あり。

『漢字の読み書きに困難のある子の
スーパーイラスト漢字

小学1・2年編、3年編、4年編、5年編、6年編』

佐竹真次・齋藤美江・斎藤丈寛・仁藤正斉 著｜
明治図書出版｜2013年

漢字をイラストに重ねて見せる漢字集。電子書籍版あり。

『下村式　となえておぼえる漢字の本　改訂4版
小学1年生・2年生・3年生・4年生・5年生・6年生』

下村 昇 著　まついのりこ 絵｜偕成社｜2019年

書き順が「口唱法」で正しく身につき、漢字のなりたち
を知って楽しく学べます。

『辞書+αで学ぶ　小学　漢字新字典』

小学教育研究会 著｜受験研究社｜2018年

すべての漢字についているマンガと語呂合わせを楽しみ
ながら、覚えられる漢字字典。音読み・訓読み、部首、
画数、筆順のほか、熟語も豊富に取り上げている。

『小学 全漢字おぼえるカード』

学研プラス 編集｜学研プラス｜2017年

じゅもんを唱えて楽しく漢字を覚えられ、自分だけの漢
字カードを作ることができます。

『全員参加！全員熱中！大盛り上がりの指導術
読み書きが苦手な子もイキイキ
唱えて覚える漢字指導法』

道村静江 著｜明治図書出版｜2017年

漢字の形を口で唱えて楽しく覚える方法を紹介。

『個別でもみんなの中でも教えられる！
国語・算数の初歩でつまずく子への教え方と教材』

栗本奈緒子 著｜学研教育みらい｜2020年

読み書き、語彙、作文・読解、計算、文章題、図形・量
などに関する初歩的な内容が身につきにくい子どもへの
教え方を解説。

『ディスレクシア
発達性読み書き障害　トレーニング・ブック』

平岩幹男 著｜合同出版｜2018年

著者がこれまでの臨床経験から、ある程度効果的だと考
える「読み書きトレーニング」のポイントを紹介。

『ワーキングメモリを生かす指導法と読み書き教材
──学習困難な子どものつまずき解消！』

河村 暁 著｜学研教育みらい｜2019年

子どものワーキングメモリの特性をつかんで読み書きの
指導する方法や教材を紹介。

『特別支援教育をサポートする
読み書きにつまずく子への国語教材集』

齊藤代一 著｜ナツメ社｜2017年

そのまま使える教材409枚と五十音表をCD-ROMに収録。

『LDのある子への学習指導
── 適切な仮説に基づく支援』

小貫 悟 編著｜金子書房｜2019年

実態把握から具体的な指導につなぐまでを、事例を通して解説。支援ツール「LD-SKAIP」の活用法も紹介。電子書籍版あり。

『発達が気になる子への読み書き指導ことはじめ』

鴨下賢一 著｜中央法規出版｜2016年

「読み」と「書き」を一体的に、連動させて学ぶ方法を提示。すぐに使える127シートの教材をCD－ROMに収録。

『遊び活用型　読み書き支援プログラム』

小池敏英・雲井未歓 編著｜図書文化社｜2013年

ゲーム感覚で楽しみながら、小集団の活動で実施できるプログラムと、個別指導に利用できる学習支援ソフトを紹介。HPから教材とソフトがダウンロードできます。

『学習支援員のためのガイドブック
特別支援教育実践テキスト　第3版』
認定特定非営利活動法人エッジ 著｜
ナレッジオンデマンド｜2018年
担任教師と協力してサポートする学習支援員のための実
践テキスト。スマートフォンやタブレットなど補助代替
機器の活用法も紹介。

『吃音・難聴・読み書き障害の子への
ICFに基づく個別指導』
小林宏明・小林葉子 著｜学事出版｜2015年
個別指導のノウハウを、ICF（国際生活機能分類）の考え方
に基づいて整理し提示。

『発達障害のある子のサポートブック 第2版
**──教育・保育の現場から寄せられた不適応行動・
学習困難への対応策3300**』
榊原洋一・佐藤 暁・秋山明美・師岡秀治 著｜
学研教育みらい｜2020年
現場経験から生まれた実践書。実際にうまくいった対応
策を問題ごとに整理して紹介。電子書籍版あり。

『みんなでつなぐ 読み書き支援プログラム
フローチャートで分析、子どもに応じた オーダーメイドの支援』
井川典克 監修　高畑脩平・奥津光佳・萩原広道・特定非
営利活動法人はびりす 編著｜クリエイツかもがわ｜2020年
医師、作業療法士、視能訓練士、オプトメトリスト、言語
聴覚士、理学療法士、心理士、教員などの専門性を活か
した支援プログラム82例。

『多層指導モデルMIM
アセスメントと連動した効果的な「読み」の指導』

海津亜希子・杉本陽子 著｜学研教育みらい｜2016年

「読み」のつまづきが深刻化する前に指導・支援する「多層指導モデルMIM」の基本的な考え方の解説と指導法、支援ノウハウを紹介。

『LDの子の読み書き支援がわかる本』

小池敏英 監修｜講談社｜2016年

学校や家庭で実践でき、悩みにあわせて選べる、読み書き支援の具体的なアイデアを紹介。電子書籍版あり。

読み書き障害の人の就労について知る

『ディスレクシアでも活躍できる
読み書きが困難な人の働き方ガイド』

藤堂栄子 編著｜ぶどう社｜2016年

ディスレクシアの人たちの仕事選び、仕事探し、就労先での働き方のポイントなどをわかりやすく紹介。

『学校での ICT 利用による読み書き支援
──合理的配慮のための具体的な実践』

近藤武夫 編著｜金子書房｜2016年

指導・支援の場で、ICT をどう取り入れていけばいい
か、合意的配慮を受けるためのアセスメントなど具体的
に解説。電子書籍版あり。

『タブレット PC を学習サポートに使うための Q&A』

河野俊寛 著｜明治図書出版｜2019年

困難や弱さを補助するためのサポートツールとしての
ICT 活用法を紹介。電子書籍版あり。

『発達障害の子を育てる本 スマホ・タブレット活用編』

中邑賢龍・近藤武夫 監修｜講談社｜2019年

音声読み上げ、音声教材、ノートアプリ、計算支援、思
考整理などのソフトやアプリを紹介。合理的配慮や進
級・進学先への移行支援について解説。電子書籍版あり。

『「読み」や「書き」に困難がある児童生徒に対する
アセスメント・指導・支援パッケージ 第2版』

福井県特別支援教育センター 編集｜2020年

http://www.fukuisec.ed.jp/

基本的知識の解説をはじめ、年齢段階別の指導・支援、
アセスメントの具体的な方法や事例を紹介。

英語学習の具体的な支援

『読み書きが苦手な子どものための英単語指導ワーク』

村上加代子 著｜明治図書出版｜2018年

「教科書がすらすら読めない」「スペリングが覚えられない」ＬＤの子どもたちの読み書き指導で実際に効果があったワーク集。

『LD児の英語指導　ヒッキーの多感覚学習法』

M. コームリー 著｜熊谷恵子 監訳｜北大路書房｜2005年

国語にはさほど困らなかったけれど英語学習でいきづまる子どもたちによい教育法と教材を提示。

『目指せ! 英語のユニバーサルデザイン授業
──みんなにわかりやすい小・中学校の授業づくり』

村上加代子 編著｜学研教育みらい｜2019年

単語が覚えられない、読めない・書けない、文法がわからないなどの問題を解決する指導・評価のコツと具体的活動を紹介。

『ワーキングメモリと英語入門
──多感覚を用いたシンセティック・フォニックスの提案』

湯澤美紀・湯澤正通・山下桂世子 編著｜北大路書房｜2017年

音声、文字、動作、絵を使い、子どもの感覚をマルチに刺激し主体的な学びへと導く英語指導法。電子書籍版あり。

『怠けてなんかない！ サードシーズン
──読む書く記憶するのが苦手な子どもたちが英語を学ぶとき』

品川裕香 著｜岩崎書店｜2020年

英語を学ぶことに苦労しているディスレクシアやLDの
子どもの実態や、日本語と英語の違いを踏まえたベー
シックで具体的な英語指導法を紹介。

『学習障がいのある児童・生徒のための外国語教育
──その基本概念、指導方法、アセスメント、関連機関との連携』

ジュディット・コーモス、アン・マーガレット・スミス 著
竹田契一 監修　飯島睦美 他訳｜明石書店｜2017年

特別支援教育的視点から英語・言語教育に有用な海外の
知見や理論、指導方法を紹介。

『英語の読み書き困難への支援実践ガイド』

認定特定非営利活動法人エッジ 著｜
ナレッジオンデマンド｜2017年

ロンドン大学教育研究所とディスレクシア・インターナ
ショナルが共同で開発した講座テキストの日本語翻訳版。

『怖いくらい通じるカタカナ英語の法則
──ネイティブも認めた画期的発音術　ネット対応版』

池谷裕二 著｜講談社｜2016年

合理的にネイティブ発音に近づく「英語→カタカナ変換」
の画期的方法を音声付きで紹介。電子書籍版あり。

『ジョン万次郎の英会話』

乾 隆 著｜ジェイ・リサーチ出版｜2010年

ジョン万次郎こと中浜万次郎の『英米対話捷径（しょうけい）』を、語学教養書として現代によみがえらせ、英語学習に役立つことを目的として編まれた書。電子書籍版あり。

『個に応じた英語指導をめざして
──ユニバーサルデザインの授業づくり』

村上加代子 著｜くろしお出版｜2021年

ローマ字やアルファベットの読み書き、音韻の認識と操作、文字と音の対応規則などの基本的な内容について、つまずいている子どもの視点で具体的な指導法を解説。電子書籍版あり。

当事者の語りから読み書きの困難を知る

『LDは僕のID
──字が読めないことで見えてくる風景』

南雲明彦 著｜中央法規出版｜2012年

ディスレクシアの当事者として啓発活動を行っている著者が、生きづらさの正体がわかるまでの辛かった過去の経験を綴っています。電子書籍版あり。

『DX型　ディスレクシアな僕の人生』

藤堂髙直 著｜主婦の友社｜2011年

ディスレクシア当事者の著者が、小学生のときから社会人になるまでの経験が書かれています。高校時代のイギリス留学時の学校の様子もわかります。電子書籍版あり。

『夢見た自分を取り戻す
──成人ディスレクシア、50代での大学挑戦』

井上 智 著　佐藤里美 監修｜エンパワメント研究所｜2018年

ICTを読み書きの補助代替ツールとして駆使し、大阪芸術大学短期大学部の通信課程で学んだ経緯が書かれています。

『文字の読めないパイロット
──読字障害の僕がドローンと出会って飛び立つまで』

高梨智樹 著｜イースト・プレス｜2020年

小学校から読み書きに遅れが生じ、中学生で識字障害と診断を受けた著者が、18歳でドローン操縦・空撮会社を立ち上げるまでが書かれています。電子書籍版あり。

『書くことと描くこと
──ディスレクシアだからこそできること』

濱口瑛士 著｜ブックマン社｜2017年

著者本人の絵と文でディスレクシアについて説明しています。学校生活になじめなかった理由が綴られています。

『発達障害を生きる』

NHKスペシャル取材班 著｜集英社｜2018年

テレビ放送された「NHKスペシャル 発達障害 ～解明される未知の世界～」をもとに発達障害の実像について書き下ろした本。当事者の声が書かれています。

『私のディスレクシア』

フィリップ・シュルツ 著　藤堂栄子 監訳　室﨑育美 訳｜東京書籍｜2013年

自分の子どもがディスレクシアの診断を受けたことを機に、自身も同じ障害であることを知った著者の自伝。

『僕が手にいれた発達障害という止まり木』

柳家花緑 著｜幻冬舎｜2020年

ひょんなことから自身がディスレクシアであることを知った花緑さんが、落語家になるまでの半生が書かれています。電子書籍版あり。

読み書き障害のある人物が登場するマンガ・小説・絵本

『ぼくの素晴らしい人生①〜⑤』

愛本みずほ 著｜講談社｜2017年

ディスレクシアであることを知らずに青年にまでなった
主人公を描くマンガ。電子書籍版あり。

『1Q84』全6巻

村上春樹 著｜新潮社｜新潮文庫｜2012年

ディスレクシアである主要人物「ふかえり」が登場。
電子書籍版あり。

『うちの子は字が書けない
── 発達性読み書き障害の息子がいます』

千葉リョウコ 著｜ポプラ社｜2017年

漫画家千葉リョウコが、自分の息子との日々を描いたコ
ミック。電子書籍版あり。

『ぼくの守る星』

神田 茜 著｜集英社｜2014年

中学2年生の夏見翔（かける）は、ディスレクシアがあり、クラス
で一番勉強ができない。翔をとりまく両親や同級生を描
く短編集。電子書籍版あり。

『青少年のための小説入門』

久保寺健彦 著｜集英社｜2018年

ディスレクシアのヤンキー青年と、いじめられっ子の中学生男子が、コンビで小説家デビューをめざす長編小説。電子書籍版あり。

『きみの存在を意識する』

梨屋アリエ 著｜ポプラ社｜2019年

中学2年生のあるクラスを舞台に、ディスレクシアをはじめ、さまざまな見えにくい困難を抱える子どもたちを描く短編集。電子書籍版あり。

『暗号のポラリス』

中山智幸 著｜NHK出版｜2015年

ディスレクシアのある小学6年生の斉賀結望は、両親を亡くし、兄と2人暮らし。ある日、両親とゆかりのある場所をめざし、旅に出るロードムービー的物語。電子書籍版あり。

『彼が通る不思議なコースを私も』

白石一文 著｜集英社｜2014年

学習障害のある子どもを教える、優秀で少し変わった小学校教師が登場。電子書籍版あり。

『丸天井の下の「ワーオ!」』

今井恭子 著｜くもん出版｜2015年

小学6年生の女の子マホは、ディスレクシアのため、読むことが苦手。ある日、お気に入りの博物館の丸天井の下で、正樹という少年と出会う。

『白いイルカの浜辺』

ジル・ルイス 著｜さくまゆみこ 訳｜評論社｜2015年

ともにディスレクシアのある少女カラと父親は2人暮らし。海洋系環境保護活動家の母親は1年前から失踪中。カラは、転校してきた脳性まひの男の子と友達になる。

『マザーランドの月』

サリー・ガードナー 著｜三辺律子 訳｜小学館｜2015年

マザーランドという架空の国家で暮らす、ディスレクシアの15歳の少年スタンディッシュが語り手のSF小説。

『グリーンフィンガー　約束の庭』

ポール・メイ 著｜横山和江 訳｜さ・え・ら書房｜2009年

文字を読んだり書いたりするのが苦手な少女ケイトは、家族とともにロンドンから田舎に引っ越してきた。ある老人との出会いをきっかけに、植物を育てる楽しさに気づく。庭仕事を通して自分の生き方を模索していく。

『わたしのそばで きいていて』

リサ・パップ 著｜菊田まりこ 訳｜WAVE出版｜2016年

字を読むことが大の苦手な小学生マデリーン。図書館で
出会った大きな白い犬は、彼女がどんなにまちがえても
音読を聞いてくれる。アメリカやヨーロッパに実際にい
るライブラリ・ドッグと少女の物語。

『なまけてなんかない!
──ディスレクシアの男の子のはなし』

品川裕香 作｜北原明日香 絵｜岩崎書店｜2017年

小学1年になったりんぞうくんは、ひらがながうまく
読めないことに気づき、自信を失う。幼稚園の先生の
応援で、前向きに勉強に向かえるようになる物語。

ドキュメンタリー映画

『DX(ディスレクシア)な日々　美んちゃんの場合』

ディスレクシアの成人女性を追った、ドキュメンタリー
映画。

東京都人権プラザの図書資料室からの貸出は可能です
(東京都内に居住、通勤・通学していて、利用登録した人のみ)。

公式ウェブサイト　http://dxnahibi.com/index.html

索引

237

河野 俊寛 (こうの としひろ)

1957年生まれ。北陸大学 国際コミュニケーション学部心理社会学科教授。獣医師、中学校教員、特別支援学校教員、東京大学先端科学技術研究センター研究員、金沢星稜大学人間科学部教授を経て現職。東京大学大学院工学系研究科博士課程修了。博士（学術）、言語聴覚士、公認心理師。専門は、子どもの書字の発達研究、文字の読み書きやコミュニケーションに困難がある子どもに対してのテクノロジーを活用した支援臨床。社会に適応しにくい子どもたちが、あるがままではなく、しかし自身のユニークさを損なわずに社会生活を送れることをめざして研究と臨床を行っている。読み書き検査『小中学生の読み書きの理解（URAWSS Ⅱ）』(atacLab)、及び、英単語の読み書き検査『中学生の英単語の読み書きの理解（URAWSS-English）』(atacLab) の開発者。主な著書に、『タブレットPCを学習サポートに使うためのQ&A』(明治図書出版、2019) などがある。

平林 ルミ〈第5章執筆〉 プロフィールは203ページ参照。

読み書き障害（ディスレクシア）の
ある人へのサポート入門

2022年7月25日 初版第1刷
2023年8月25日 初版第2刷

著 者	河野 俊寛・平林ルミ
編集人	村上 文
発行人	成松一郎
発行所	有限会社 読書工房

〒171-0031 東京都豊島区目白2-18-15 目白コンコルド115
電話:03-6914-0960 ファックス:03-6914-0961
Eメール:info@d-kobo.jp
https://www.d-kobo.jp/

装幀デザイン	松田行正＋倉橋 弘 (マツダオフィス)
本文・表紙イラスト	さかたともみ
印刷・製本	株式会社厚徳社